KB114855

# 그림이 있는
# 수수께끼

편집부편

와이앤엠

# 차 례

# 그림이 있는
# 수수께끼

## 바 람

🌳 부자가 되기 틀린 집은?

🌳 장사꾼보다 농사꾼이 더 잘 팔 수 있는 것은?

🌳 문 두드린 여자를 다른 말로 하면?

🌳 타고 있는데도 타지 않았다는 것은?

딸만 있는 집  땅  똑똑한 여자  말 탄 사람

🌳 음식에 앉은 파리를 내쫓자, 파리가 한 말은?

🌳 영원히 오지 않는 날은?

🌳 죽은 나무가 물 위를 달리는 것은?

🌳 들어갈 땐 머리를 얻어 맞고 나올 땐 머리가 뽑히는 것은?

🌳 고추장이나 된장을 잘못 담그면?

🌳 무거울수록 위로 올라가고 가벼울수록 밑으로 내려 오는 것은?

🌳 변호사, 검사, 판사중에 누가 제일 큰 모자를 쓸까?

내가 먹으면 얼마나 먹는다고   내일   배   못
젠장   저울   머리 큰 사람

🌳 날씨가 추운 겨울에 술술 잘 풀린다는 사람은?

🌳 한 번 먹으면 며칠씩 앓아 눕는 감은?

🌳 세상을 돌고 도는 종이는?

🌳 차가우면 일을 못하고 뜨거워야 일을 할 수 있는 것은?

🌳 남의 이름을 거꾸로만 쓰는 사람은?

🌳 웃으면서 인사하다를 세 글자로 하면?

🌳 북은 북인데 소리가 나지 않는 북은?

털실 파는 사람  독감  돈  다리미  도장 파는 사람  하이킥  거북

6

🌳 성미 급한 사람들이 비춰 주는 달은?

🌳 탕은 탕인데 달콤한 탕은?

🌳 뼈가 없는 물고기는?

🌳 하루만 지나면 헌 것이 되는 것은?

🌳 언제나 신제품만 만드는 곳은?

🌳 환하면 안 보이고 어두우면 잘 보이는 것은?

안달복달    설탕    붕어빵    신문    신발공장    영화

🌳 목을 조이는 것인데도 기쁘게 받는 선물은?

🌳 개와 개구리에게는 있지만 뱀에게는 없는 것은?

🌳 애 낳다가 죽은 여자는?

🌳 세상에서 단 두 대 밖에 없는 사형 기구는?

🌳 대통령 선거의 반댓말은?

🌳 덥다 덥다 하면서 작아지는 것은?

🌳 권투를 가장 잘하는 사람들이 사는 나라는?

넥타이 다리 다이애나 단두대 대통령 앉은 거 얼음 칠레

🌳 '곰'을 뒤집어 놓으면 '문'이 된다. '소'를 뒤집어 놓으면?

🌳 엉덩이에 모자를 쓰고 있는 것은?

🌳 꽃은 꽃인데 뜨거운 꽃은?

🌳 시원하지 않는 바람은?

🌳 잘못한 것도 없는데 용서를 비는 과일은?

🌳 불을 켤 수 없는 초는?

음머

이게 뭐지?

발버둥친다    도토리    불꽃    치맛바람    사과    식초

🌳 노루가 다니는 길은?

🌳 팔은 팔인데 구부릴 수 없는 팔은?

🌳 머리 한가운데 뿔이 솟아 있는 것은?

🌳 늘 새로운 욕을 만드는 나라는?

🌳 내려가기만 하고 올라올 줄 모르는 것은?

🌳 나무 토막을 베고 한없이 누워 있는 것은?

🌳 알 중에서 가장

무서운 알은?

왜?
안올라와

못올라
가겠어

노르웨이　　나팔　　냄비뚜껑　　뉴욕　　물　　철길　　총알

🌳 어린 물고기들 중의 대장은?

🌳 술에 취해 빨개진 무는?

🌳 숲 속에서 큰 모자를 쓰고 서 있는 것은?

🌳 매일 방귀만 뀌고 사는 나무는?

🌳 공은 공인데 가지고 놀 수 없는 공은?

🌳 물도 아닌데 자기가 물이라고 우기는 것은?

치어리더   홍당무   버섯   뽕나무   허공   나물

🌳 하루에 천 리를 갔다와도 피곤하지 않은 여행은?

🌳 일 년에 한 번만 먹는 것은?

🌳 바늘과 실이 있어도 옷을 꿰매지 못하는 것은?

🌳 뛰면 주저앉고 주저앉으면 뛰는 것은?

🌳 오줌을 잘 싸는 사람을 오줌싸개라고 한다. 그러면

오줌을 빨리 싸는 사람은?

🌳 작아도 온 방을 가득 채우는 것은?

꿈 속의 여행      나이      낚시바늘과 줄
널뛰기      잽싸게      전기불

🌳 물은 물인데 오래된 물은?

🌳 쓸 수는 있지만 읽을 수 없는 것은?

🌳 짝수로 타야만 움직이는 소는?

🌳 때리면 때릴수록 깊이 들어가는 것은?

🌳 세상에서 정신 없는 절은?

🌳 불을 일으키는 비는?

고물   모자   시소   못   기절   도깨비

🌳 뒤로 갈수록 위치가 높아지는 것은?

🌳 집에서는 절대로 먹을 수 없는 점심은?

🌳 어느 학교에서 피구를 하던 학생이 죽었다, 왜일까?

🌳 분명히 소리를 들었는데 보이지 않는 것은?

🌳 주인공만 나와 있고 내용은 없는 책은?

🌳 약은 약인데 아끼고 아껴 먹어야 하는 약은?

🌳 직선으로 타 지 않고 곡선 으로 타오르 는 불은?

극장의 좌석  급식  금밟아서  메아리  전화번호부  절약  꾸불꾸불

🌳 집과 집을 나누는 벼락은?

🌳 글자를 먹고 까만 똥을 싸는 개는?

🌳 깎으면 깎을수록 커지는 것은?

🌳 언제나 흑심을 먹고 사는 것은?

🌳 늙을수록 젊어 보이는 것은?

🌳 돈은 돈인데 쓸 수 없는 돈은?

담벼락    지우개    구멍    연필    사진    사돈

🌳 훔치다의 과거형은 훔쳤다이다. 그러면 미래형은?

🌳 네거리에 서서 체조를 하는 사람은?

🌳 머리를 풀고 하늘로 올라가는 것은?

🌳 일 단은 외울 필요가 없는 단은?

🌳 엿장수가 가장 싫어하는 쇠는?

🌳 서울에서 가장 저렴하게 지은 지하철은?

🌳 감은 감인데 어른보다 어린이들이 더 좋아하는 감은?

교도소   교통경찰   연기   구구단   구두쇠   일원역   장난감

🌲 바보의 뜻은?

🌲 '신라면' 다음에 나올 제품은?

🌲 무가 눈물을 흘리면?

🌲 감이 싸우다 죽으면?

🌲 비가 올 때만 나타나는 산은?

🌲 사람이 가장 좋아하는 통은?

바다의 보물 　　 통일신라면(신라 다음에 통일신라)
무뚝뚝 　　 감전사 　　 우산 　　 운수대통

🌳 갈 때는 못가고, 안 갈 때는 가는 것은?

🌳 둘이서는 할 수 있고 혼자서는 할 수 없는 것은?

🌳 매일 말싸움 하는 곳은?

🌳 경찰서의 반댓말은?

🌳 붙으면 죽고 떨어지면 사는 것은?

🌳 어른들이 술자리에서 내미는 배는?

🌳 아무리 붙잡으려 해도 붙잡을 수 없는 것은?

건널목   결혼   경마장   경찰 앉아   고압선   건배   시간

🌳 세상에서 가장 비싼 새는?

🌳 아이들이 좋아하는 버스는?

🌳 식인종에게 엘리베이터는?

🌳 가장 귀하고도 흔한 것은?

🌳 가는 곳도 모르면서 무작정 가기만 하는 것은?

🌳 사람이 가장 싫어하는 통은?

백조    투니버스    자동 판매기    공기    세월    고통

🌳 새까만 숲 속에 난 오솔길은?

🌳 모두가 들어가기 싫어하는 방은?

🌳 물건을 사면서도 받는 돈은?

🌳 하나에 하나를 보내도 하나가 되는 것은?

🌳 발이 두 개 달린 소는?

🌳 눈사람의 반대말은?

가르마    감방    거스름돈    물    이발소    일어선 사람

🌳 네 마리의 고양이가 괴물이 되면?

🌳 차마 눈뜨고 볼 수 없는 여자는?

🌳 추운 날에는 보이지만 더운 날에는 보이지 않는 것은?

🌳 벗길수록 눈물이 나는 것은?

🌳 피를 뽑아야 더 잘 사는 것은?

🌳 아무리 보아도 못 생겼다고 구박 받는 것은?

우 하 하 하 하

반대말이 뭐지?

냠냠

포켓몬스타    꿈속의 여자    입김    양파    벼    호박

🌳 우리나라 최초의 수의사는?

🌳 바람 바람 바람을 세 글자로 하면?

🌳 앞으로 갈수록 올라가는 것은?

🌳 들어올 때는 부서지고, 나갈 때는 멀쩡하게 나가는 것은?

🌳 공기만 먹어도 살이 찌는 것은?

🌳 들어가면 들어갈수록 더욱 더 깊어지는 것은?

🌳 아무리 뜯어 고쳐도 새로운 법이 안 되는 것은?

홍부   씽씽씽   택시요금   파도   풍선   학문   헌법

🌳 거꾸로 서면 2분의 1을 이익 보는 숫자는?

🌳 더울 때는 옷을 입고, 추울 때는 옷을 벗는 것은?

🌳 정삼각형의 동생 이름은?

🌳 물은 물인데 꼭꼭 씹어 먹어야 하는 것은?

🌳 아무리 잘 먹어도 속이 빈 것은?

🌳 잎 끝에 꽃이 피는 것은?

숫자6　　　나무　　　정삼각　　　나물　　　대나무　　　파

🌳 작은 것은 잘 보는 데 큰 것은 잘 보지 못하는 것은?

🌳 붉은 길에 동전 하나가 떨어져 있다. 그 동전의 이름은?

🌳 일 억 년 된 공룡을 무엇이라고 할까?

🌳 앞으로 나가면 옆에서 못 지나가고, 옆으로 지나가면 앞으로 못 나가는 것은?

🌳 미리 뭉쳐야만 싸울 수 있는 싸움은?

🌳 놀부 여동생은 놀순이, 그러면 남동생의 이름은?

🌳 복은 복인데 환자들이 가장 바라는 복은?

현미경    홍길동전    화석    횡단보도    눈싸움    홍부    회복

🌳 세상에서 가장 빠른 개는?

🌳 동에 번쩍 서에 번쩍하는 것은?

🌳 거꾸로 매달린 집에 천 개의 문과 만 개의 방이 있는 것은?

🌳 낮에는 숨고 밤에는 나오는 것은?

🌳 자리는 자리인데 깔지 못하는 자리는?

🌳 개구리가 낙지를 먹어 버리면 무엇이 될까?

🌳 무엇인지 모르
지만 자꾸 보
겠다고 하는
것은?

번개  번갯불  벌집  별  별자리  개구락지  보리

🌲 자기 혼자서 마음대로 갈 수 있는 나라는?

🌲 낫 놓고 기역자도 모르는 사람은?

🌲 낮에는 열심히 일하다가 밤에는 편히 쉬는 시계는?

🌲 더울수록 키가 커지고, 추우면 추울수록 키가 작아지는 것은?

🌲 개미네 집 주소는?

🌲 그 누구도 말만 들었지 진짜 보지 못한 다리는?

🌲 나이를 먹을 수록 속이 텅 비어가는 것은?

꿈나라    한국어를 모르는 사람    해시계    온도계 수은주
허리도 가늘군 만지면 부러지리    헛다리    대나무

🌳 생활의 지혜가 담긴 속담 중 최고의 거짓말을 하는 속담은?

🌳 나폴레옹은 전쟁터에 나갈 때 왜 항상 빨간벨트를 찼을까?

🌳 기린의 목이 긴 이유는?

🌳 파리는 파리인데 날지 못하는 파리는?

🌳 바닷물이 짠 이유는?

🌳 누워서 보는 자리는?

뒤로 넘어져도 코가 깨진다.　　　　　　　바지가 흘러 내리니까
머리가 몸에서 멀리 떨어져 있기 때문　　　해파리
물고기가 땀을 내면서 뛰어 놀기 때문에　　별자리

🌳 변호사는 말로 싸운다. 그러면 검사는 무엇으로 싸울까?

🌳 탈 없이는 할 수 없는 것은?

🌳 온 몸에 구멍이 나서 슬픈 노래만 부르는 것은?

🌳 하나의 가위로 사람들 모두가 다 쓰는 가위는?

🌳 얼굴에 딱지를 붙이고 세계일주 하는 것은?

🌳 벼락을 잡아 먹고도 끄덕 없는 것은?

🌳 아이들이 학교에 가는 이유는?

칼    탈춤    통소    팔월 한가위    편지    피뢰침
학교가 아이에게 올 수 없어서

🌳 여름이 오면 울다 죽는 것은?

🌳 가만히 있어도 못 잡는 것은?

🌳 우리가 수업 시간에 자는 이유는?

🌳 겁없는 쥐가 한마디 하자, 고양이가 도망갔다. 쥐

가 한 말은?

🌳 소금장수가 제일 좋아하는 사람은?

🌳 엄마는 날아다니고 아기는 기어다니는 것은?

매미    그림자    꿈을 갖기 위해서    나 쥐약 먹었다.
싱거운 사람        나비

🌳 수없이 많은 것이 실렸는데도, 한 손으로 거뜬히 들

고 다닐 수 있는 것은?

🌳 선물로 받았지만 발로 차야 하는 것은?

🌳 한 발은 그대로 있고, 한 발로만 열심히 돌아다니는 것은?

🌳 마시지 않아도 취하는 술은?

🌳 입이 없어도 노래만 잘하는 것은?

🌳 세상이 모두 네모

로 보이는 것은?

🌳 내것은 내것인데

남들이 더 많이

사용하는 것은?

책  축구공  컴퍼스  최면술  카세트  카메라  이름

🌳 사공이 아주 많으면 배가 어떻게 되나?

🌳 개미의 목구멍보다 작은 것은?

🌳 '당신은 지상 최고의 미남, 미녀이다.'를 4자로 줄이면?

🌳 곤충을 3등분하면?

🌳 육지에 사는 고래는?

🌳 머리에 보약을 이고 다니는 것은?

가라 앉는다.  개미 먹이  고걸 믿니  죽는다  술고래  사슴

## 나 무

🌳 항상 눈을 부릅뜨고 이를 드러내고 땅에 버티고 서 있는 것은?

🌳 아무리 뛰어가도 언제나 제자리로 돌아오는 것은?

🌳 손으로 잡을 수 없는 공은?

🌳 묵은 묵인데 조용하기만 하고 먹지 못하는 묵은?

🌳 파리는 파리인

데 날지 못하

는 파리는?

파리는 날수 있어~

"나도 날고 싶어~"

천하대장군    쳇바퀴    축구공    침묵    해파리

32

🌳 곰돌이 푸가 옥수수밭에서 길을 잃으면?

🌳 보러 갔다가 잔뜩 사가지고 오는 것은?

🌳 등에 산봉우리를 짊어지고 떠나는 것은?

🌳 인터넷에 사는 곤충은?

🌳 때리면 먹기 좋아지는 것은?

🌳 높은 곳만 오르내리는 다리는?

콘푸로스트  장보기  낙타  골뱅이  북어  사다리

🌳 인도네시아는 지금 몇 시인가?

🌳 공주는 공주인데 사람 대접 못받는 공주는?

🌳 앞으로 나가면 지고 뒤로 물러나면 이기는 것은?

🌳 발바닥 한 가운데가 움푹 패인 이유는?

🌳 서로 진짜라고 우기는 신은?

🌳 남들에게 아무리 많이 주어도 그대로 지니고 있는 것은?

🌳 한국이 배출한 세계 최초의 여성 장군은?

4시　　인어공주　　줄다리기　　지구가 둥글기 때문에
옥신각신　　지식　　지하여장군

🌳 비로써 인정을 받은 사람은?

🌳 우리나라에서 가장 활을 잘 쏘는 사람은?

🌳 유일하게 날로 먹을 수 있는 오리는?

🌳 신경통 환자가 제일 싫어하는 악기는?

🌳 모든 사람이 가장 좋아하는 일은?

🌳 서서 자는 것은?

환경 미화원    활명수    회오리    비올라    휴일    말

🌳한 번 가면 다시 돌아올 줄 모르는 것은?

🌳불은 불인데 켜지 못하는 불은?

🌳땅을 보며 밑으로 자라는 것은?

🌳아무리 마셔도 배탈이 나지 않는 것은?

🌳자랄수록 탐스럽고 몸이 고와지는 것은?

🌳소 중에서 가장 예쁜 소는?

🌳가장 불쌍한 비는?

강물  검불  고드름  공기  과일  미소  홀아비

🌲 호주의 술은?

🌲 호주의 돈은?

🌲 노처녀들이 가장 좋아하는 약은?

🌲 세상에서 가장 야한 닭은?

🌲 바람이 불어야 좋은 사람은?

🌲 방은 방인데 들어가지 못하는 방은?

호주    호주머니    혼약    홀닥    뱃사공    김서방

🌳 개와 오랑우탄이 결혼하여 낳은 자식은?

🌳 발등을 밟혀야만 좋다고 노래 부르는 것은?

🌳 나무가 5개 모이면?

🌳 많이 먹어도 살찌지 않는 것은?

🌳 우등생이란?

🌳 편은 편인데 나누어지지 않는 편은?

🌳 눈 오는 날 만 일하는 사람은?

| 오랑캐 | 오르간 | 오목 | 욕 |
|---|---|---|---|
| 우겨서 등수를 올린 학생 | | 남편 | 안과의사 |

🌳 한국에서 가장 급하게 만든 떡은?

🌳 모든 것을 가지고 있는 것은?

🌳 굶는 사람이 많은 나라는?

🌳 동생이 형을 좋아하면?

🌳 세상에서 가장 무거운 사람은?

🌳 잠꾸러기가 제일 좋아하는 곤충은?

헐레벌떡   사전   형가리   형광펜   철 든 사람   잠자리

🌳 주기에 받아서 내 이름까지 써 놓았더니 다시 뺏어 가는 것은?

🌳 우리나라 최초의 다이빙 선수는?

🌳 '아이 추워'의 반대말은?

🌳 살은 살인데 겁 많은 사람들에게 많은 살은?

🌳 둘이 먹다가 하나가 죽어도 모르는 것은?

🌳 가장 먹고 살기 힘든 사람은?

🌳 선은 선인데

　　못　지우는

　　선은?

시험지　심청이　어른　더워　엄살　연탄가스　위장병 환자　유람선

🌳 바닷가에 가서 하는 욕은?

🌳 낮에만 가는 시계는?

🌳 해에게 오빠가 있다. 누구인가?

🌳 식인종이 신입생을 보고 무엇이라고 할까?

🌳 주머니는 주머니인데 걸어다니는 주머니는?

🌳 눈 코 뜰새 없을 때는?

해수욕  해시계  해오라비  햅쌀  아주머니  머리 감을 때

🌳 깨뜨리고도 칭찬을 받는 사람은?

🌳 공을 차려다 신발이 날아간 아이는 누구일까?

🌳 신사가 자기 소개할 때 쓰는 말은?

🌳 오랜 봉사활동 끝에 빛을 본 사람은 누구일까?

🌳 어렵게 어렵게 지은 절은?

🌳 다리는 다리인데 겅중겅중 가야하는 다리는?

🌳 놀부가 가장 좋

아하는 술은?

기록 갱신자     신나는 아이     신사임당
심봉사     우여곡절     징검다리     심술

🌳 먼 산 보고 절하는 것은?

🌳 남을 등지고 도망가야 이기는 것은?

🌳 하늘의 별 따기보다 어려운 것은?

🌳 우리에게 내일이 없다고 누가 그랬나?

🌳 호랑이에게 덤벼드는 용감한 개 이름은?

🌳 '웃으면서 인사하다'를 세 글자로 하면?

디딜방아          달리기          하늘에 별 달기
하루살이          하룻강아지          하이킥

🌳 공은 공인데 세상 사람들이 가장 좋아하는 공은?

🌳 풀 수는 있지만 감을 수는 없는 것은?

🌳 다른 때는 안 짖고 비 올 때만 짖는 개는?

🌳 날마다 그네만 뛰는 것은?

🌳 많이 맞을수록 좋은 것은?

🌳 운전자들이 꼭 배워야 하는 춤은?

🌳 눕는 것을 가장 싫어하는 사람은?

성공　　　　수수께끼　　　번개　　　　시계추
시험　　　　　우선멈춤　　　　권투선수

44

🌳 배부를 때나 배고플 때나 쉬지 않고 먹어야 하는 것은?

🌳 두꺼울수록 더 잘 새는 것은?

🌳 있으면 안 보이고 없어야 보이는 것은?

🌳 아래로 먹고 위로 나오는 것은?

🌳 신은 신인데 귀로 만든 신은?

🌳 조개는 조개인데 먹을 수 없는 조개는?

🌳 울타리 아래

   아이 업고 서

   있는 것은?

공기   구름   구름과 해   굴뚝   귀신   보조개   옥수수

🌳 고개는 고개인데 보이지 않는 고개는?

🌳 얼음이 녹으면 물이 된다. 그렇다면 눈이 녹으면?

🌳 언제나 둘이 손잡고 불 속으로 뛰어드는 것은?

🌳 바나나 우유가 웃으면 무엇일까?

🌳 건강, 재산, 행복을 찾을 수 있는 곳은?

🌳 가장 흔하면서도 귀한 것은?

🌳 불은 불인데
닿아도 뜨겁지
않은 불은?

보릿고개  봄이 옴  부젓가락  빙그레  사전  생명  이불

🌳 가장 싼 사냥 도구는?

🌳 파 중에서 인기가 제일 많은 파는?

🌳 IQ 150이 생각하는 산토끼의 반대말은?

🌳 세상에서 가장 장사를 잘하는 동물은?

🌳 전축을 틀면 흘러나오는 소리는?

🌳 두드리면 두드릴수록 칭찬 받는 것은?

고생 이렇게 도하는 거야

정말?

파리채    파스타    판 토끼    판다    판소리    안마

🌳 바람둥이들이 가장 좋아하는 장난감은?

🌳 눈이 오면 강아지가 펄쩍펄쩍 뛰는 이유는?

🌳 네 발이 있으면서도 걸어 다니지 못하는 것은?

🌳 애국가에는 모두 몇 개의 산이 나올까요?

🌳 별은 별인데 가장 슬픈 별은?

🌳 하늘에 별이 없을 때 뭐라고 말할까?

🌳 바이러스, 세균, 프리온 등을 다스리는 최강의 신의 이름은?

바람개비   발이 시려워   밥상   세 개(백두산, 남산, 화려강산)
이별       별 볼 일 없다       병신

🌳 노래도 하고 이야기도 하는데 아무도 없는 것은?

🌳 토끼들이 제일 잘하는 것은?

🌳 밥은 밥인데 못 먹는 밥은?

🌳 벌건 대낮에도 홀랑 벗고 손님을 기다리는 것은?

🌳 우리나라에서 도통한 스님이 가장 많은 절은?

🌳 착각 속에서 돈을 버는 사람은?

텔레비전  토끼기〈도망치기, 튀기〉  톱밥  통닭  통도사  사진사

🌳 갓 쓰고 한평생 부엌에서만 사는 것은?

🌳 살은 살인데 나무로 만든 살은?

🌳 감은 감인데 먹지 못하는 감은?

🌳 귀 밑에 점이 하나 있는 것은?

🌳 미꾸라지의 반댓말은?

🌳 미꾸라지보다 한 단계 더 큰 것은?

🌳 비도 오지 않는
데 밤낮 없이
우산을 쓰고 있
는 것은?

솥  문살  영감 물음표(?) 미꾸스몰 미꾸엑스라지 전등

🌳 '곰돌이 푸가 길을 가다 넘어졌다'를 두 글자로 줄이면?

🌳 땅바닥을 쿵 구르고 손바닥을 후 부는 것은?

🌳 아이스크림에는 있는데 얼음에 없는 것은?

🌳 비를 누른 가수는?

🌳 왕이 넘어지면 뭐가 될까?

🌳 스님들이 전혀 걱정하지 않는 병은?

| 쿵푸 | 쿵푸 | 크림 | 클릭비 | 킹콩 | 탈모 |

🌳 겨울에 가장 많이 쓰는 끈은?

🌳 오랜 시간 섬에서 혼자 지낸 소의 이름은?

🌳 막이 올라가면 시작하고, 막이 내려가면 끝난다는 말은?

🌳 벌새는 왜 윙윙거릴까?

🌳 가만히 있는데 잘 돈다고 하는 것은?

🌳 아무리 빨리 달려도 앞차를 앞지르지 못하는 것은?

따끈따끈      로빈슨크루소      막상막하
말을 모르니까      머리      기차의 열차

🌳 윗사람에게 아부 잘하는 사람이 믿는 신은?

🌳 궁색한 사람들이 많이 찾는 책은?

🌳 신은 신인데 신지 못하는 신은?

🌳 개는 왜 꼬리를 흔들까?

🌳 남의 것은 절대로 볼 수 없는 것은?

🌳 아무리 마셔도 배부르지 않는 것은?

🌳 가로줄, 세로 줄에서 싸우는 것은?

마셔도 배고파

왜 계속 마시고 있어?

굽신굽신    궁여지책    귀신
꼬리가 개를 흔들 수 없으니까    꿈    공기    바둑

🌳 묵은 묵인데 먹지 못하는 묵은?

🌳 새빨갛게 불타도 연기가 나지 않는 것은?

🌳 자동차 10대가 달리는 레일은?

🌳 이 세상에서 가장 힘든 일은?

🌳 사람이 즐겨 마시는 피는?

🌳 파는 파인데 먹지 못하는 파는?

침묵  노을  카텐레일  칼로 물베기  커피  노파, 전파

54

🌳 고개는 고개인데 가장 넘기 힘든 고개는?

🌳 무는 무인데 늘었다 줄었다 하는 무는?

🌳 조금이라도 빨리 뛰어가서 잘라야 칭찬 받는 것은?

🌳 위나 밑, 어느 쪽에서 보아도 모양이 똑같은 것은?

🌳 책은 책인데 글자가 없는 책은?

🌳 학이면서 날지 못하는 학은?

🌳 한쪽이 길어질수록 한쪽이 짧아지는 것은?

보리고개 고무(줄) 골인테이프 공 공책 과학 밤(낮과밤의)

🌳 올림픽 경기에서 권투를 잘하는 나라는?

🌳 물건은 물건인데 물 속에 들어가면 안 보이는 것은?

🌳 손에 닿으면 안 되는 공은 ?

🌳 강산초목에 흰옷을 입히는 것은?

🌳 이상한 사람들만 가는 곳은?

🌳 찾아오는 손님들 모두와 이상한 관계로 만날 수밖
에 없는 의사는?

칠레    유리    축구공    눈    치과    치과 의사

🌳 한 사람이 들어가면 움직이는 집은?

🌳 다섯 개와 두 개가 싸웠는데 두 개가 이기는 것은?

🌳 서서 쉬고 앉아서 일하는 것은?

🌳 개가 사람을 가르친다를 네 자로 줄이면?

🌳 거리는 거리인데 사람들이 다니기를 꺼려하는 거리는?

🌳 걱정이 많은 사람이 좋아하는 산은?

🌳 인터넷에서
만 볼 수 있
는 색은?

가마　　가위와 보에서(가위)　　가야금　　개인지도
걱정거리　　걱정이 태산　　검색

🌳 당신이 부산에서 7시에 떠나, 서울에 12시에 도착하는 열차를 탔다. 10시에 열차가 멈춘 곳은 어디일까?

🌳 사람의 몸무게가 가장 많이 나갈 때는?

🌳 못 팔고도 돈 번 사람은?

🌳 청소하는 여자를 세 자로 줄이면?

🌳 양초곽에 양초가 꽉 차 있을 때를, 세 자로 줄이면?

🌳 사람이 가득 찬 버스의 값은?

철도 위   철들 때   철물점 주인   청소년   초만원   만원

🌳 굴리면 굴릴수록 커지는 것은?

🌳 빛깔은 흰색인데 보라라고 하는 것은?

🌳 앞으로 하지 않고 뒤로 하는 절은?

🌳 무엇이든 꼭 보겠다고 우겨 대는 곡식은?

🌳 한 명으로 만원이 되는 것은?

🌳 높은 곳에서 애를 낳는 것은?

눈덩이   눈보라   기절   보리   화장실   하이에나

🌳 문은 문인데 떠돌아다니는 문은?

🌳 차만 타면 코 푸는 사람은?

🌳 진짜 새의 이름은?

🌳 창으로 찌르려고  할 때 하는 말은?

🌳 사각형의 동생은?

🌳 칠판이 웃으면 어떻게 될까?

소문   차이코프스키   참새   창피해!   사각   킥보드

🌳 사람은 사람인데 녹는 사람은?

🌳 소는 소인데 날아다니는 소는?

🌳 해가 있으면 웃고 비가 오면 고개를 숙이는 것은?

🌳 파리는 파리인데 날지 못하는 파리는?

🌳 새 중에서 자기 몸이 누렇다고 자랑하는 새는?

🌳 젊었을 때도 늙었다고 하는 꽃은?

눈사람   하늘소   해바라기   해파리   황새   할미꽃

🌳 강과 바다가 있는데 물이 없고, 마을이 있는데 사람이 없고, 산은 있는데 나무와 풀 한 포기 없는 이상한 곳은?

🌳 지성인이란?

🌳 탤런트 최지우가 기르는 개 이름은?

🌳 기차 철로가 붙어 있다가 기차가 지나가면 벌어지는 것은?

🌳 싸우기 전에 먼저 뭉쳐야 할 수 있는 싸움은?

지도　　지랄 같은 성격의 소유자　　지우개　　지퍼　　눈싸움

🌳 하얀 셔츠에 까만 양복을 입고 물 속에 들어가 헤엄을 치는 것은?

🌳 생일이 곧 제삿날인 것은?

🌳 호랑이도 무서워하지 않는 개는?

🌳 천재 남편과 바보 아내가 결혼하면 어떤 아이를 낳을까?나

🌳 면서부터 늙은 것은?

🌳 태어날 때부터 할머니라고 불리는 새는?

🌳 물에서 태어났으면서도 물에 들어가면 죽는 것은?

펭귄  하루살이  하룻강아지  하이애나  갓난아이  할미새  소금

🌳 스포츠 경기 때마다 바쁜 역은?

🌳 중학생과 고등학생이 타는 차는?

🌳 절대로 울면 안 되는 날은?

🌳 사과를 먹다가 벌레를 발견하는 일보다 끔찍한 때는?

🌳 손님이 깎아 달라는 대로 다 깎아 주는 사람은?

🌳 두드려 맞는 것이 직업인 것은?

중계역　　　　　중고차　　　　　중국집 쉬는 날
그 벌레가 반만 발견되었을 때　　　이발사　　　야구공

🌳 겨울에 오는 비는 겨울비, 가을에 오는 비는 가을
비, 봄에 오는 비는?

🌳 박은 박인데 하늘에서 떨어지는 박은?

🌳 바느질을 하기 위해 실을 타는 사람을 다섯 자로 줄이면?

🌳 엉엉 울다가 하하 웃는 사람을 다섯 글자로 줄이면?

🌳 동생과 형이 싸우면서 내는 소리를 세 자로 줄이면?

🌳 주머니는 주머니인데 혼자 움직이는 주머니는?

🌳 산타클로스 할아버
지가 절대로 아이
들에게 주지 않는
선물은?

제비　우박　실없는 사람　아까운 사람　아우성　아주머니　양말

🌳 세종대왕의 새 직업은?

🌳 비는 비인데 잔인한 비는?

🌳 잠자는 소는?

🌳 얼굴은 6개 눈이 21개인 것은?

🌳 이 세상에서 가장 인정이 많은 중국의 학자는?

🌳 머리로 들어가고 입으로 나오는 것은?

조폐공사 모델   좀비   주무소   주사위   주자   주전자

🌳 누더기 입고 파마하고 엄마 등에 업혀 있는 것은?

🌳 날이면 날마다 자장가만 부르는 나무는?

🌳 초가을이면 만날 수 있는 헬리콥터는?

🌳 어릴 때도 늙을 때도 수염이 있는 것은?

🌳 두 눈이 떨어져 있지 않고 붙어 있는 곤충은?

🌳 벌레 가운데에서 가장 신나게 흥을 맞추는 벌레는?

🌳 사람은 사람인데 늙지 않는 사람은?

옥수수   자작나무   잠자리   새우   잠자리   장구벌레   눈사람

🌳 약은 약인데 아껴 먹어야 하는 약은?

🌳 절세미녀란?

🌳 식인종이 공무원을 보고 무엇이라고 할까?

🌳 현역 군인이 가장 좋아하는 대학은?

🌳 소녀 시대가 타는 차는?

🌳 물러나야 이기는 것은?

절약    절에 세들어 사는 미친 여자    정부미
제대(제주대학)    제시카    줄다리기

🌳 어른은 어른인데 침을 흘리면서 잘 우는 짐승은?

🌳 세상에서 가장 빠른 새는?

🌳 십리 길의 가운데에서 만나는 동물은?

🌳 고깔 모자에 망토를 두르고 열 개의 다리로 헤엄치며 다니는 것은?

🌳 새우의 왕은?

🌳 보통 털을 뽑고 가죽을 벗기는데, 가죽을 먼저 벗기고 털을 뽑는 것은?

🌳 커도 자라라고 하고 작아도 자라라고 하는 것은?

소  눈깜박할새  오리  오징어  왕새우  옥수수  자라

🌳 남이 울 때 웃는 사람은?

🌳 단골이 전혀 없는 장사꾼은?

🌳 꽃이 제일 좋아하는 벌은?

🌳 나무로 밥을 만드는 사람은?

🌳 누구든지 노력하면 얻을 수 있는 금은?

🌳 저능아란?

장의사  장의사  재벌  목수  저금  저력있고 능력있는 아이

🌲 젊을 때나 늙을 때나 항상 푸른 옷만 입고 있는 것은?

🌲 머리카락을 길게 길러 내리 빗고, 길 가에서 온종일 춤추는 것은?

🌲 조금 자랐는데도 쑥 자랐다고 하는 것은?

🌲 소는 소인데 일 못하는 소는?

🌲 옆으로는 다녀도 앞으로는 못 다니는 것은?

🌲 문은 문인데 닫지 못하는 문은?

🌲 베어도 베어도 베어지지 않는 것은?

소나무   수양버들   쑥   염소   게   소문   물

## 소 리

🌳 세상에서 가장 착한 사자는?

🌳 무엇이든지 혼자 다 해먹는 사람은?

🌳 정원이 500인 배에 3명밖에 타지 않았는데 가라앉고 말았다. 이유는?

🌳 잠잘 때 찾는 것은?

자원봉사자　　　자취생　　　잠수함　　　잠자리

🌲 바다에서 나이가 가장 많은 생물은?

🌲 나뭇가지에서 빨갛게 연지를 찍고, 하얀 이를 내보이며 방긋이 웃고 있는 것은?

🌲 웃으면 이빨이 쏟아지는 것은?

🌲 음메 음메 우는 나무는?

🌲 소나타는 누가 타는 차일까?

🌲 방울은 방울인데 소리가 나지 않는 방울은?

🌲 소는 소인데 뿔이 없는 것은?

아얏! 뜨거워!

이런~!

밥을 줄 순 없지

새우(수염이있으니까) 석류 석류 소나무 소 솔방울 송아지

🌳 식인종이 회사원을 보고 무엇이라고 할까?

🌳 한국, 일본, 중국 사람 중 화장실에서 가장 먼저 나오는 사람은?

🌳 눈사람의 반대 말은?

🌳 오락실을 지키는 수호신인 용 두 마리는?

🌳 걸어 다니며 찍는 도장은?

일반미  일본 사람  일어선 사람  일인용과 이인용  발자국

🌳 여름밤 물가에서 날아다니는 불은?

🌳 날짐승도 길짐승도 아닌 것은?

🌳 날개 없이 날아다니는 것은?

🌳 다리만 잡으면 방아를 찧는 곤충은?

🌳 구부러져도 뻗었다고 하는 나무는?

🌳 작은 돈으로 방안을 가득 채운 것은?

🌳 눈, 구름, 칼을 3글자로 줄이면?

반딧불이   박쥐   연기   방아깨비   버드나무   고추   설운도

🌳 닭의 나이는?

🌳 마귀는 마귀인데 나쁘지 않은 마귀는?

🌳 떨어지지 않고 날아오른 비는?

🌳 문은 문인데 누구도 가둘 수 없는 문은?

🌳 코로 웃는 웃음은?

🌳 금은 금인데 사고 팔 수 없는 금은?

81살(9*9)    까마귀    나비    소문    비웃음    손금

🌳 그늘에만 들어가면 달아나는 것은?

🌳 세상에서 제일 긴 것은?

🌳 누구를 보든지 늘 소리 없이 방긋방긋 웃는 것은?

🌳 양초가 가득 차 있다를 세 자로 줄이면?

🌳 오리는 오리인데 날지 못하는 오리는?

🌳 물에 젖을수록 무거워지는 것은?

🌳 남의 것은 절대 보

　지 못하는 것은?

그림자　길　꽃　초만원　탐관오리　솜　꿈

🌳 매일 구구단을 외워도 일생 동안 산수를 한 번도 하지 못하는 새는?

🌳 잘못한 것도 없는데 잘못했다고 빌기만 하는 나무는?

🌳 머리에 보약을 이고 다니는 동물은?

🌳 엄마는 머리를 빡빡 깎았는데, 아빠는 파마를 한 동물은?

🌳 귀는 귀인데 소리를 못듣는 귀는?

🌳 눈물을 흘리지 않아도 운다고 하는 짐승은?

🌳 새 는 새 인 데 날지 못 하는 새는?

비둘기　사과나무　사슴　사자　사마귀　새　노새

🌳 신은 신인데 신지 못하는 신은?

🌳 사람에게 다가올 때 사이렌을 울리며 다가오는 곤충은?

🌳 꽃이 핀 뒤 열매가 열리고 열매가 열린 후 다시 흰 꽃이 피는 것은?

🌳 점치는 벌레는?

🌳 다리에 발이 달리지 않고 머리에 다리가 달린 것은?

🌳 불장난을 좋아하는 사람들이 가는 역은?

🌳 키는 크지만 속없는 것은?

어차피 신지도 못하잖아~

귀신    모기    목화    무당벌레    문어    방화역    대나무

79

🌳 의사란?

🌳 한국 의상계에서 패션을 처음으로 창시한 분은?

🌳 이가 다 빠진 노인들이 좋아하는 연예인은?

🌳 원래는 내 것이지만 다른 사람들이 훨씬 더 많이 사용하는 것은?

🌳 우리나라에서 잠이 가장 많은 가수는?

🌳 발이 두 개 달린 소는?

의리의 사나이    의상대사    이나영    이름    이미자    이발소

🌳 비틀어진 집 속에 혼자만 살고 있는 것은?

🌳 알 낳고 동네방네 알리는 것은?

🌳 날마다 먹고 자고 놀기만 하는 동물은?

🌳 서서 잠을 자는 동물은?

🌳 태어나자마자 걸을 수 있는 동물은?

🌳 울기는 처량하게 울어도 눈물 없이 우는 것은?

🌳 실은 실인데 바늘 구멍에 꿸 수 없는 실은?

달팽이    닭    돼지    말    망아지    매미    온실

🌳 일본에서 가장 마음이 약한 자매 이름은?

🌳 '소가 웃는 소리'를 세 글자로 하면?

🌳 산타할아버지가 싫어하는 면 종류는?

🌳 코미디언들이 소재를 찾아 헤메는 거리는?

🌳 계절에 관계 없이 사시사철 피는 꽃은?

🌳 세상에서 가장 빠른 닭은?

음머~

우짜꼬, 우야꼬    우하하    울면    웃음거리    웃음꽃    후다닥

🌳 물은 물인데 사람들이 무서워하는 물은?

🌳 무엇이든지 구겨버리려는 나무는?

🌳 나르는 곤충의 새끼인데 날지 못하는 것은?

🌳 물 속에서 금빛 찬란한 옷을 입고 산책하는 것은?

🌳 앞으로 보나 뒤로 보나 똑같은 새는?

🌳 발은 발인데 향기가 나는 발은?

🌳 닭은 어느 집에서 시 집을 왔을 까요?

괴물  구기자나무  구더기  금붕어  기러기  꽃다발  꼬꼬댁

🌳 가장 더러운 강은?

🌳 오리들이 사는 역은?

🌳 거만한 사람이 많은 나라는?

🌳 다섯 그루의 나무로 된 역은?

🌳 더러워서 내야 하는 것은?

🌳 컵라면 먹을 때 오는 역은?

요강   오리역   오만   오목교역   오물수거비   온수역

🌳 벌레잡이 그물을 만드는 것은?

🌳 북은 북인데 죽을 때까지 살아 움직이는 북은?

🌳 자리는 자리인데 날아다니는 자리는?

🌳 눈물을 흘리지 않고 우는 것은?

🌳 이메일 주소에는 꼭 끼는 물 속 동물은?

🌳 한번도 햇빛을 쬔 적이 없는 것은?

🌳 세 상 에 서
가장 야한
닭은?

거미  거북  고추잠자리  곤충  골뱅이  그림자  홀닭

🌳 세상에서 가장 잔인한 비빔밥은?

🌳 산타가 싫어하는 차는?

🌳 산에서 불이 났다. 이때 손자가 할아버지께 한 말은?

🌳 성이 3개가 불타고 있는 것을 뭐라고 하는가?

🌳 감은 감인데 쳐다보기도 힘든 감은?

🌳 아라비아 숫자에서 0과 9를 빼면?

산채비빔밥  산타페  산타할아버지  삼성화재  상감  영구없다

🌳 나리는 나리인데 아무도 굽신거리지 않는 나리는?

🌳 공중에서 줄타기 곡예를 하면서 먹고 사는 것은?

🌳 남의 뒤를 밀어 주는 일에 항상 자신감을 갖고 있는 사람은?

🌳 우리나라에서 김이 제일 많이 나는 곳은?

🌳 달나라에 사는 유일한 식물 이름은?

🌳 몸에 가시 돋은 것은?

🌳 가장 학력이 높은 물고기는?

개나리  거미  때밀이  사우나탕  계수나무  고슴도치  고등어

🌳 거꾸로 서서 일하는 것은?

🌳 뛰는 놈 위에 날으는 놈, 날으는 놈 위에는?

🌳 커피의 나라는 브라질이다.그럼 밀크의 나라는?

🌳 푸른 집은 영어로 블루하우스, 하얀 집은 화이트하

　우스, 그럼  투명한 집은?

🌳 연예인 비의 매니저가 하는 일은?

붓　　붙어가는 놈　　브라자　　비닐하우스　　비만관리

🌳 불은 불인데 닿으면 뜨겁지 않고 따가운 불은?

🌳 오리는 오리인데 날지 못하는 오리는?

🌳 가지 않으면서도 간다고 하는 것은?

🌳 손님이 오면 제일 먼저 반기는 것은?

🌳 개구리가 낙지를 먹으면?

🌳 어릴 때는 울지 못하더니 어른이 되어서야 우는 것은?

가시덤불  가오리  가오리  개  개구락지  개구리

🌲 타고 있는 데도 화상을 입지 않는 사람은?

🌲 고개는 고개인데 보이지 않는 고개는?

🌲 도둑이 가장 좋아하는 아이스크림은?

🌲 갈 때는 하늘을 보고 올 때는 땅을 보는 것은?

🌲 세계에서 가장 조용한 세계는?

🌲 이 세상을 못쓰게 만들고 있는 것은?

말탄 사람   보릿고개   보석바   그네   거울 속의 세계   목수

🌳 일어서면 매를 맞지 않고, 누우면 맞는 것은?

🌳 훔치면 훔칠수록 더러워 지는 것은?

🌳 시계는 시계인데 낮에만 가는 시계는?

🌳 빛만 보면 못쓰는 것은?

🌳 위로 먹고 옆으로 토하는 것은?

🌳 백두산 꼭대기에 가장 큰 나무는 몇 그루 있을까?

🌳 먹지 못하는
　　밥은 무슨 밥
　　일까?

홍두깨　　행주　　해시계　　필름　　맷돌　　한 그루　　톱밥

🌳 공주는 공주인데 사람 대접 못받는 공주는?

🌳 '방자가 향단이를 사랑하는 마음' 을 세 글자로 줄이면?

🌳 불장난 하다 사고 친 역은?

🌳 누워서 일하는 것은?

🌳 병은 병인데 고치지 못하는 병은?

🌳 인도로 가면 안 되는 것은?

인어공주　방향제 / 방향성　방화역　배게　빈 병　차

🌳 동생과 형이 싸우는데 동생 편만 드는 세상을 뭐라고 할까?

🌳 집은 집인데 많으면 많을수록 값이 싼 집은?

🌳 줄어들면서 늘어나는 것은?

🌳 달과 물 사이에 불을 피워 놓는 요일은?

🌳 여자를 아름답게 하는 술은?

🌳 작은 것은 잘 보이는데, 큰 것은 잘 안보이는 것은?

🌳 그늘에만 들어가면 사라지는 것은?

형편없는세상    흠집    흰머리    화요일(월,화,수)
화장술    현미경    그림자

🌳 바람이 잘 하는 것은?

🌳 왕과 작별할 때 하는 인사는?

🌳 병아리가 제일 좋아하는 약은?

🌳 '공' 중에서 사람들이 모두 좋아하는 공은?

🌳 눈은 눈인데 보지 못하는 눈은?

🌳 다리는 다리인데 아무도 보지 못한 다리는?

바람피기　바이킹　삐약　성공　티눈, 쌀눈　헛다리

94

🌳 사람 때리기 좋아하는 축구선수는?

🌳 4마리의 고양이가 괴물이 되면?

🌳 태풍에 날아가 버린 이 산의 이름은?

🌳 허수아비의 반대말은?

🌳 허수아비의 아들은?

🌳 떡 중에서 가장 빨리 먹는 떡은?

🌳 발톱 센 사람과 손톱 센 사람이 싸우면 누가 이길까?

펠레    포켓몬스터    풍비박산    허수어미    허수
헐레벌떡    힘센 사람

🌳 병아리가 제일 잘 먹는 약은?

🌳 아침에 4발, 점심에 2발, 저녁에 3발로 다니는 동물은?

🌳 돼지가 꿀꿀 하는 이유는?

🌳 물 없는 사막에서도 할 수 있는 물놀이는?

🌳 비에게 '사우디를 아냐'고 물어볼 때는?

🌳 마시지도 않고 보기만 했는 데도 정신이 없어지는 술은?

삐약       사람의 일생       사람들이 꿀을 주지 않아서
사물놀이         사우디아라비아           마술

96

🌳 쉴 때는 누워 있다가 일할 때는 한 다리로 서는 것은?

🌳 도둑이 가장 싫어하는 아이스크림은?

🌳 더울 때는 열고, 추울 때는 닫는 것은?

🌳 피인데 붉기는 하지만 흐르지 않는 것은?

🌳 표정이 변하지 않고 추는 춤은?

🌳 사람 몸에 붙어 있으면서도 볼 수 없는 눈은?

🌳 성당에서 예 배드리는 날 을 세 글자로 하면?

으으으
아이스크림이
제일 싫어!

도둑아!
이 아이스크림을
받아라!

도리

도리

팽이    누가봐    창문    창피    탈춤    티눈    미사일

🌳 거지가 가장 좋아하는 욕은?

🌳 청소부들이 자주  가는 중국집 이름은?

🌳 우유가 웃으면?

🌳 늘 얻어맞고 비틀리고 눈물 짜야 되는 것은?

🌳 물은 물인데 사람들이 가장 좋아하는 물은?

🌳 공주는 공주인데 사람 대접 못받는 공주는?

빌어먹을   빗자루   빙그레   빨래   선물   인어공주

🌳 창이 딴 사람에게 날아올 때 하는 말?

🌳 바람은 바람인데 불지 않는 바람은?

🌳 세상에서 가장 달콤한 국은?

🌳 서울시민 모두가 동시에 외치면 무슨 말이 될까?

🌳 초가 꽉 차면?

🌳 단 한 마디로 깰 수 있는 것은?

🌳 펄펄 끓는 물
에 손을 집어
넣었다를 한
자로 줄이면?

엄청 물
뜨거운 이야!

부글

부글

창피해　　　치맛바람　　　　천국
천만의 말씀(서울시민 천 만명)　　초만원　　침묵　　악

🌳 하늘에 별이 없으면 어떻게 될까?

🌳 하늘에는 총이 두 개 있고, 땅에는 침이 두 개 있다. 이를 무엇이라고 해야 하나?

🌳 의사와 엿장수가 좋아하는 사람은?

🌳 바이러스, 세균, 프리온 등을 다스리는 최강의 신의 이름은?

🌳 문은 문인데 닫지 못하는 문은?

별볼일 없다    별총총, 어둠침침    병든 사람    병신    소문

🌳 하루 종일 눈 부릅뜨고 성난 모습으로 서 있는 것은?

🌳 라이터만 있고 담배는 없는 사람을 무엇이라고 하나?

🌳 오지 말라고 하여도 오고, 가지 말라고 해도 가는 것은?

🌳 사각형의 동생은 누구일까?

🌳 여행을 하다가 돈이 떨어졌을 때 어떻게 해야 할까?

🌳 끈은 끈인데 세상에서 가장 골치 아픈 끈은?

🌳 미소의 반대 말은?

장승  불만있는 사람  세월  사각  주우면 된다  지끈지끈  당기소

# 낙 엽

🌳 '뱀이 불에 타는 것'을 네 글자로 줄이면?

🌳 세상에서 가장 황당한 미용실 이름은?

🌳 동화는 동화인데 읽지 못하는 동화는?

🌳 세상에서 가장 무서운 알은?

뱀파이어    버르장 머리    운동화    총알

🌳 별은 별인데 가장 슬픈 별은?

🌳 날마다 아침이면 생기는 나라는?

🌳 굴 속에 흰 바위가 32개 나란히 놓여 있는 것은?

🌳 훌륭한 부모가 되기 위해서 꼭 필요한 것은?

🌳 말을 하지 않으려 해도 어쩔 수 없이 하게 되는 것은?

🌳 꿈을 이루고자 하는 사람이 가장 먼저 해야 할 일은?

🌳 사람에게 사
  이렌을 울리
  며 다가오는
  곤충은?

이별  일어나라  입 속의 이  자식  잠꼬대  잠꼬대  모기

🌲 고양이를 무서워하지 않는 쥐는?

🌲 '박사와 학사는 밥을 많이 먹는다'를 네 자의 고사

성어로 하면?

🌲 소가 반갑다고 인사하는 말은?

🌲 버스는 버스인데 바다를 건넌 버스는?

🌲 귀는 귀인데 네 발이 달린 귀는?

🌲 집이 걸어가는 것은?

박쥐   박학다식(博學多食)   반갑소   콜롬버스   당나귀   가마

🌳 짱구와 오징어의 차이점은?

🌳 너무 많이 웃어서 생기는 병은?

🌳 펴면 집이 되고 오그리면 지팡이가 되는 것은?

🌳 소가 웃는 소리를 세 글자로 하면?

🌳 힘이 넘치는 사람이 타는 차는?

🌳 발중에서 가장 못생긴 발은?

🌳 여름만 되면
바람을 피우는
것은?

오징어는 말릴 수 있지만 짱구는 못 말려          요절복통
우산          우하하          으랏차차          묵사발          부채

🌳 못 사는 사람들이 하는 직업은?

🌳 때돈을 벌려면 어떻게 해야 하나?

🌳 아무리 만원 버스라도 항상 앉아서 가는 사람은?

🌳 시 중에서 가장 무서운 시는?

🌳 발은 발인데 머리꼭대기에 있는 발은?

🌳 가면 갈수록 늘어나는 것은?

목수  목욕탕을 차린다  버스 운전사  으시시  가발  주름살

🌲 바람 바람 바람을 세 글자로 하면?

🌲 남쪽으로 달리고 있는 원효대사의 머리카락은 어느 쪽으로 날릴까요?

🌲 간장은 간장인데 못 먹는 간장은?

🌲 금은 금인데 도둑 고양이에게 가장 어울리는 금은?

🌲 법적으로 바가지 요금을 받아도 되는 사람은?

🌲 여름에 땅을 파면 나오는 것은?

🌲 물은 물인데 사람들이 좋아하는 물은?

| 쌩쌩쌩 | 안 날린다 | 애간장 | 야금야금 |
| 바가지 장사 | 땀 | 보물 | |

🌳 미모는 정말 예쁘지만 속이 텅 빈 여자는?

🌳 귀에 걸면 귀걸이, 코에 걸면 코걸이, 입에 걸면 무엇이라고 해야 하나?

🌳 모두가 자기 산이라고 주장하는 산은?

🌳 우리 엄마를 영어로 하면?

🌳 하루를 살다 죽어도 만 년 살았다고 하는 것은?

🌳 방울은 방울인데 소리가 나지 않는 방울은?

마네킹   마스크   마이산   마이애미   만년필   솔방울

🌳 발이 네 개 있는 데도 발이 보이지 않는 것은?

🌳 갓 태어난 병아리가 먹는 약은?

🌳 소금을 가장 비싸게 파는 방법은 무엇일까?

🌳 금은 금인데 항상 손에 들고 다니면서도 팔지는 못하는 금은?

🌳 도둑이 훔친 돈을 영어로 한다면?

🌳 훔치다의 과거형은 훔쳤다이다. 그러면 미래형은?

🌳 가지 말라고 아무리 부탁해도 가는 것은?

🌳 누구나 즐겁게 웃으며 보는 글은?

사발　　삐약　　소와 금으로 나누어 판다　　손금
슬그머니　　교도소　　시간　　싱글벙글

109

🌳 돼지가 방귀 뀌면?

🌳 파리 중에 가장 무거운 파리는?

🌳 굴은 굴인데 못 먹는 굴은?

🌳 사자를 넣고 끓인 국은?

🌳 다리는 다리인데 껑충껑충 뛰게 만드는 다리는?

🌳 빵은 빵인데 먹지 않고 걸치고 다니는 것은?

돈가스   둘파리   동굴   동물의 왕국   징검다리   멜빵

🌳 많이 터지면 터질수록 좋은 것은?

🌳 게으른 사람은 평생 볼 수 없는 영화는?

🌳 목욕탕에 가면 두고 나오는 것은?

🌳 백인들이 머리가 노랗고, 피부는 하얗고, 눈이 파란 이유는?

🌳 가장 무서운 상사는?

🌳 놀부 여동생은 놀순이, 그러면 남동생의 이름은?

🌳 세상에서 가장 작은 시장은?

복  부귀영화  때  부모를 닮아서  불상사  흥부  벼룩시장

111

🌳술은 술인데 어린이가 배워도 되는 술은?

🌳무가 날씬해지면?

🌳세상에서 가장 아름다운 개는?

🌳의식주 가운데 식(食)이 가장 중요하다고 주장한 중국의 학자는?

🌳머리에 다리가 달린 것은?

🌳다리는 다리인데 껑충껑충 뛰게 만드는 다리는?

무술 무슬림 무지개 묵자 문어, 낙지, 오징어 징검다리

🌳 눈코 뜰 새 없이 바쁜 때는?

🌳 구리는 구리인데 쓸모없는 구리는?

🌳 커다란 입으로 무엇이든지 잘 먹고 잘 쏟아내는 것은?

🌳 왕과 작별 인사를 하면?

🌳 아주 오래 전에 건설된 다리 이름은?

🌳 바지 안에서 잃어버렸는데도 찾을 수없는 것은?

🌳 하늘에는 총
이 둘이요,
땅에는 침이
두 개인 것
은?

머리 감을 때 　　명텅구리 　　바구니 　　바이킹
구닥다리 　　방귀 　　별 총총 어둠 침침

113

🌳 배울 것은 다 배웠는데 여전히 배우라는 소리를 듣는 사람은?

🌳 먼저 타고 나중에 내리는 사람은?

🌳 소는 소인데 도저히 무슨 소인지 알 수 없는 소를 4자로 줄이면?

🌳 털이 긴 남자를 네 글자로 하면?

🌳 자전거를 싸이클이라고 한다. 그럼 자전거를 못 탄다는 말은?

배우        뱃사공        모르겠소

모자란 놈              모타 싸이클

🌳 권투 선수가 세계 챔피언이 되겠다고 하면서 하는 다짐은?

🌳 머리 감으면서 가장 먼저 감는 곳은?

🌳 기뻐도 나오고 슬퍼도 나오고 매워도 나오는 것은?

🌳 맞아도 죽지도 아프지도 않지만 기분이 나빠지는 총은?

🌳 미소의 반대말은?

🌳 바나나 우유가 웃으면 무엇일까?

스마일~! 스마일즈!

주먹다짐    눈    눈물    눈총    당기소    빙그레

🌳 판사, 검사, 변호사 중에 누가 가장 큰 모자를 쓸까?

🌳 가지도 없이 잘 자라는 것은?

🌳 차는 차인데 앞으로 가지 않고 제자리에서만 도는 차는?

🌳 주머니는 주머니인데 자기 혼자 움직이는 주머니는?

🌳 도둑이 훔친 돈을 뭐라고 하나?

🌳 아저씨가 제일 좋아하는 돈은?

머리가 큰 사람  머리털  풍차  아주머니  슬그머니  아주머니

🌳 백설공주는 뭘 먹고 죽었을까?

🌳 그네는 그네인데 타지 못하는 그네는?

🌳 추울 때 얼굴을 붉히면 붉힐수록 사람이 좋아하는 것은?

🌳 영원히 오지 않는 날은?

🌳 창피함도 모르고, 염치도 없고, 비위도 좋은 사람의 나이는?

🌳 눈치코치란?

🌳 오백에서 백
   을 빼면 얼
   마일까?

나이   나그네   난로   내일   넉살   눈 때리고 코 때리고   오

🌳 지진 났을 때 절대 하면 안 되는 노래는?

🌳 동문서답이란 무엇인가?

🌳 아버지가 2명이고 엄마가 1명인 아이는?

🌳 길바닥에 천 원, 만 원 짜리가 있다. 무엇부터 주어야 할까?

🌳 뒤에서 소리가 나면 돌아보는 까닭은?

🌳 다리가 넷이나 있으나 스스로 못 걷는 것은?

동요    동쪽 문을 닫으니까 서쪽 문이 답답하다
두부 한 모    둘다    뒤통수에 눈이 없으니까    사다리

🌳 세상에서 제일 더럽고 추잡스럽기 짝이 없는 개는?

🌳 하루 종일 하루에 천 리를 다녀와도 전혀 지치지 않는 것은?

🌳 때리면 때릴수록 소리치는 것은?

🌳 코끼리 두 마리가 서로 싸우다가 둘다 코가 떨어져 나가는 것을 뭐라고 할까?

🌳 많이 먹으면 죽는 데도 먹을 수밖에 없는 것은?

🌳 팽이는 팽이인데 때리면 죽는 팽이 는?

꼴불견   꿈 속의 여행   꽹과리   끼리끼리   나이   달팽이

🌳 안드로이드의 반대말은?

🌳 축구할 때 먹는 아이스크림은?

🌳 '이것이 코다'를 세 글자로 줄이면?

🌳 겨울에 많이 쓰는 끈은?

🌳 '딸기가 회사에서 짤렸다'를 네 글자로 하면?

🌳 마당에 나가 땅을 파면 무엇이 나올까?

드로이드   드록바   디스코   따끈따끈   딸기 시럽   땀

🌳 일 단은 외울 필요가 없는 것은?

🌳 지붕 위에서 하늘을 보고 담배 피우고 있는 것은?

🌳 굴 속에 들어가서 밥을 퍼 내오는 주걱은?

🌳 라면은 라면인데, 달콤한 라면은?

🌳 닭은 닭인데 먹지 못하는 닭은?

🌳 눕힌 사다리 위를 왔다갔다하며 달리는 것은?

🌳 북은 북인데 살
  아 있는 북은?

거기서~!

구구단  굴뚝  귀이개  그대와 함께라면  까닭  기차  거북

🌲 미국에서 잘나가는 여자 강도는?

🌲 젖소에게 4개 있고 여자에게는 2개 있는 것은?

🌲 사람을 다 일어서게 만드는 숫자는?

🌲 얼음이 죽으면?

🌲 아몬드가 죽으면?

🌲 불은 불인데 닿아도 뜨겁지 않은 불은?

다내노란 마리아   다리   다섯   다이빙   다이아몬드   가시덤불

🌳 고래랑 사자랑 결혼해서 말이 태어났다. 그 말의 이름은?

🌳 집은 집인데 돈으로 살 수 없고 들어가 살 수도 없는 집은?

🌳 무시무시한 해골들이 사는 방은?

🌳 비는 비인데 나라를 망치게 하는 비는?

🌳 제삿날과 생일이 같은 곤충은?

🌳 양은 양인데 많이 배운 사람에게 많은 양은?

🌳 넘어진 펭귄이 걷다가 또 넘어졌다. 일어나서 뭐라고 말했을까?

거짓말   고집   골방   과소비   하루살이   교양   괜히 일어났네

뇌물을 아주 좋아하는 왕은?

김치만두가 김치에게 한 말은?

펭귄이 다니는 중학교는?

펭귄이 다니는 고등학교는?

아무리 많이 모아도 결국에는 버리는 것은?

누르거나 돌릴 때마다 딴소리를 하는 것은?

내물왕  내안에 너있다  냉방중  냉장고  쓰레기  라디오

🌳 오른손을 들면 왼손을 들고, 왼손을 들면 오른손을 드는 것은?

🌳 거지가 말을 타고 가는 것은?

🌳 사람들이 다니기를 싫어하는 길은?

🌳 고래 2마리가 같이 소리 지르면?

🌳 세상에서 가장 어려운 비는?

🌳 목수들도 고칠 수 없는 집은?

🌳 꼬리는 꼬리인
데 날아다니는
꼬리는?

거울속 사람    거짓말    걱정거리    고래고래    고비    고집    꾀꼬리

🌳 닭은 닭인데 먹지 못하는 닭은?

🌳 일본에서 60년대 유명한 흉악범 이름은?

🌳 모든 소들이 밭에서 일하고 있는데 옆에서 놀고 있는 소는?

🌳 암탉은 어느 집에서 시집 왔을까?

🌳 세상에서 제일 더럽고 추잡스럽기 짝이 없는 개는?

🌳 천자문의 첫 자와 둘째 자는 얼마만큼 차이가 날까?

까닭  깐이마 또까  깜찍이 소다  꼬꼬댁  꼴불견  천지 차이

126

🌳 우리나라에서 키가 가장 큰 사람은 몇 명일까?

🌳 천재 남편과 바보 아내가 결혼하면 어떤 아이를 낳을까?

🌳 가슴, 허리, 엉덩이 가운데 사람을 먹여 살릴 수 있는 것은?

🌳 일을 하려면 입을 열었다 닫았다 하는 것은?

🌳 들었는데도 팔은 안 무겁고 머리만 무거운 것은?

🌳 세상의 어떤 것이나 금방 똑같이 그리는 것은?

🌳 귀는 귀인데
   네 발 달린 귀
   는?

왜 너는 다리네 만 개니?

흠~ 흠~

1명  갓난아기  가슴  가위  감기  거울  당나귀

🌳 화장실에 가면 소변과 대변 중 어느 것이 먼저 나올까?

🌳 글 중에서 가장 어지러운 글은?

🌳 속이 끓어오르는 사람이 쓴 글은?

🌳 등장 인물이 무척 많은 글은?

🌳 사랑으로 불타는 청년이 쓴 글은?

🌳 때리고 훔치는 데도 칭찬받는 사람은?

급한 것  빙글빙글  부글부글  바글바글  이글이글  야구 선수

🌳 자기들만 옳다고 생각하는 사람들이 사는 집은?

🌳 구두쇠가 가장 좋아하는 숫자는?

🌳 호랑이도 무서워 하지 않는 개는?

🌳 전화번호를 모두 곱하면?

🌳 거꾸로 서나 바로 서나 똑같은 숫자는?

🌳 기둥 하나에 가지 12개 잎이 365개인 것은?

고집　　0(공짜)　　하룻강아지　　0　　1　　1년

🌳 언제나 말다툼이 있는 곳은?

🌳 늘 화가 나 있는 동네는?

🌳 요리사는 어떤 웃음소리를 내나?

🌳 떡 중에 가장 급하게 먹는 떡은?

🌳 입방아를 찧어 만든 떡은?

🌳 해에게 오빠가 있다. 이름이 무엇일까?

계란이 여기 있네?                    보여 ??

| 경마장 | 성내동 | 쿡쿡쿡 | 힐레벌떡 |
| 쑥떡쑥떡 | | 해오라비 | |

🌳 해 보고 우는 것은?

🌳 아래로는 못가고 위로만 올라가는 것은?

🌳 큰소리치고 불을 토하지만 모양은 볼 수 없는 것은?

🌳 어두울수록 잘 보이는 것은?

🌳 날지 못하는 제비는?

🌳 개 중에서 가장 큰 개는?

얼음    연기    천둥    하늘의 별    족제비    안개

🌳 세상에서 가장 무거운 풀은?

🌳 남녀가 자고 나면 생기는 것은?

🌳 굴리면 굴릴수록 커지는 것은?

🌳 눈이 녹으면 뭐가 될까?

🌳 기뻐도 나오고 슬퍼도 나오고 매워도 나오는 것은?

🌳 새로운 욕이 발명 되는 곳은?

🌳 일본에서 낚시를 제일 잘하는 사람은?

눈꺼풀  눈꼽  눈덩이  눈물  눈물  뉴욕  다나까

🌳 머리를 풀어헤치고 하늘로 올라가는 것은?

🌳 빛보고 큰소리 치는 것은?

🌳 빛이 나면 소리가 대답하는 것은?

🌳 베개를 수 없이 많이 베고 누워 있는 것은?

🌳 일 년에 한 번 옷 한 벌씩 얻어 입는 것은?

🌳 어떤 경우에도 하지 말라는 말을 하지 않는 것은?

🌳 벌레 중에서도 가
   장 빠른 벌레는?

연기  천둥  천둥과 번개  철도  초가지붕  해  바퀴벌레

🌳 노루가 다니는 길은?

🌳 돈을 한 푼도 안 쓰고 만든 역은?

🌳 여행을 할 때 반드시 돈을 가지고 가야한다고 주장한 중국의 학자는?

🌳 슈렉의 어머니가 가입한 단체는?

🌳 세상에서 가장 깨끗한 소는?

노르웨이    노원역    노자    녹색 어머니회    청소

🌳 자기 집을 등에 지고 이사하는 것은?

🌳 나이를 먹을수록 살찌는 것은?

🌳 날개 없이 날아가는 것은?

🌳 못은 못인데 박을 수 없는 못은?

🌳 팔수록 깊어지는 것은?

🌳 소리가 있어도 보이지 않는 것은?

🌳 박은 박인데 농사에 해로운 박은?

달팽이  열매  풍선  연못  우물  우레  우박

# 그림이 있는

# 속담

편집부편

와이앤엠

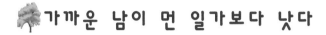# 가까운 남이 먼 일가보다 낫다

이웃끼리 서로 친하게 지내다보면 먼 곳에 있는 일가보다 가까운 곳에 있는 이웃과 서로 도우며 살기 때문에, 가까운 이웃이 먼 친척보다 더 낫다는 말입니다.

# 가난 구제는 나라(나라님, 임금님)도 못한다

남의 가난한 살림을 도와주기란 끝이 없는 것이어서, 개인은 물론 나라의 힘으로도 구제하지 못한다는 뜻입니다.

## 가난이 죄다

가난하기 때문에 여러 가지 범죄를 저지를 수도 있고 또 불
행과 고통을 당하게 될 수도 있다는 말입니다.

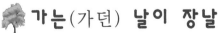
## 가는(가던) 날이 장날

일을 보러 가니 공교롭게 장이 서는 날이라는 뜻으로, 어떤 일
을 하려고 하는데 뜻하지 않게 공교로운 일을 만나게 된다는
뜻으로 쓰입니다.

## 가물에 단비

가뭄이 들어 심어 놓은 곡식이 다 마를 때에 이르러서야 기다리던 비가 온다는 뜻으로, 기다리고 바라던 일이 어느 정도 이루어짐을 가리키는 말입니다.

콩 하나 여기 열렸다!

다 말랐네

 ## 가물에 콩 나듯

가뭄이 심한 때에 심은 콩이므로 제대로 싹이 트지 못하고 드문드문 난다는 뜻으로, 어떤 일이나 물건이 어쩌다 하나씩 드문드문 있는 경우를 말합니다.

## 가재는 게 편

모양이나 형편이 서로 비슷한 것끼리 서로 잘 어울리고 또
감싸 주기 쉬운 것을 이르는 말입니다.

## 간에 붙었다 쓸개[염통]에 붙었다 한다

자기에게 이익이 되면 이편으로 왔다 또 저편으로 갔다 하
며 지조 없이 행동하는 사람을 가리켜 하는 말입니다.

## 같은 값이면 다홍치마

값이 같다면 품질이 좋거나 모양이 좋은 것, 또는 새로워서
눈에 곧 들어오는 것을 택한다는 뜻입니다.

 ## 개같이 벌어서 정승같이 쓴다

돈을 벌 때는 천한 일이라도 가리지 않고 벌고, 쓸 때는 보람
있게 쓰는 것을 말합니다.

##  개가 웃을 일이다

너무도 어이없어서 따져볼 가치도 없다는 뜻입니다.

## 개구리도 옴쳐야 뛴다

뛰기를 잘하는 개구리도 뛰기 전에 옴츠려야 한다는 뜻으로, 아무리 급하더라도 일을 이루려면 그 일을 위하여 준비할 시간이 있어야 한다는 말입니다.

 ## 개 발에 편자

옷차림이나 지닌 물건 등이 제 격에 맞지 않고 어색해 보일
때 하는 말입니다.

## 개밥에 도토리

개는 도토리를 먹지 않기 때문에 밥 속에 있어도 이리 밀리고
저리 밀리다 남긴다는 뜻에서, 따돌림을 받아서 무리에 끼지
못하는 사람을 이르는 말입니다.

## 개천에서 용 난다

가난한 집안이나 훌륭하지 못한 부모에게서 뛰어난 인물이
나는 경우를 이르는 말입니다.

 ## 개 팔자가 상팔자

놀고 있는 개가 부럽다는 뜻으로, 일이 분주하거나 고생스러울
때 못난 개의 팔자가 부럽기까지 하다는 말입니다.

## 겉보리 서 말만 있으면 처가살이 하랴

처가살이란 결혼하여 부인의 집에서 부인의 어른들과 함께 사는 것을 말하며, 이는 옛날에 남자가 독립할 능력이 없을 때 하던 풍습으로 처 어른의 눈치를 보며 살았습니다. 그래서 처가살이는 누구나 피해 왔었기 때문에 생겨진 말입니다.

## 겨 묻은 개가 똥 묻은 개를 나무란다

결점이 있기는 마찬가지이면서, 조금 덜한 사람이 더한 사람을 흉보는 것을 가리켜 하는 말입니다.

146

# 겨울이 지나지 않고 봄이 오랴

세상 일에는 다 일정한 순서가 있는 것이니, 급하다고 하여
억지로 할 수는 없다는 뜻과, 또 하나의 뜻은 겨울이 지나
야 따뜻한 봄이 온다는 의미로, 시련과 어려움을 극복해야
좋은 성과를 얻을 수 있다는 말입니다.

# 고기는 씹어야 맛을 안다

무엇이든 실제로 겪어 보면 그 사실을 잘 알 수 있다는 뜻입니다.

## 고슴도치도 제 새끼는 함함하다고 한다

고슴도치는 보기에도 무섭고 징그러운 모습입니다. 그런 고슴도치라 해도 어미의 눈에 자신의 새끼는 소중해 보인 다는 말입니다.

 ## 고양이 세수하듯

고양이는 가끔 콧등에 물을 묻히는 시늉을 잘 합니다. 그래서 이를 보고 고양이 세수한다고 하며, 사람이 얼굴에 물만 묻히 는 식으로 간단히 세수를 하면 이를 가리켜 '고양이 세수하듯 한다'고 말합니다.

##  고양이 앞에 쥐

고양이는 쥐에게 천적입니다. 그런 쥐가 천적 앞에 있으니 왜 무섭지 않겠어요. 그러므로 무서운 사람 앞에서 설설 기면서 꼼짝 못할 때 쓰이는 말입니다.

##  고양이 쥐 생각

속으로는 해칠 마음을 품고 있으면서, 겉으로는 그를 생각해 주는 척하는 것을 가리켜 하는 말입니다.

# 공자 앞에서 문자 쓴다

공자는 옛날 중국의 유명한 학자입니다. 그런 학자 앞에서 유식한 체를 한다는 것입니다. 그러므로 지식이 부족한 사람이 자기보다 유식한 사람 앞에서 아는 체하는 것을 가리켜 하는 말입니다.

# 구관이 명관이다

새로운 사람보다 한 번 그 일을 해 봤던 사람이 더 나을 것이란 뜻으로, 경험의 중요함을 가리키는 말입니다.

## 구더기 무서워 장 못 담글까

방해 되는 것이 있다고 이를 피하려 한다면 아무것도 할 수 없으므로 다소 어려움이나 손실이 있더라도 해야할 것이라면 하라는 뜻입니다.

 ## 구렁이 담 넘어가듯

일을 분명하고 깔끔하게 처리하지 않고 슬그머니 얼버무려 버릴 때를 가리키는 말입니다.

## 굼벵이도 구르는 재주가 있다

아무 능력이 없어 보이는 사람일지라도 한 가지 재주는 있는 법이니, 무능해 보이는 사람이라도 그의 장점을 찾아 개발하라는 뜻입니다.

 ## 굿이나 보고 떡이나 먹지

남의 일에 쓸데없는 간섭을 하지 말고, 되어 가는 형편을 보고 있다가 이익이나 얻도록 하라는 말입니다.

## 궁지에 빠진 쥐가 고양이를 문다

막다른 지경에 이르게 되면 약한 자도 마지막 힘을 다하여
반항할 수 있다는 말입니다.

 ## 귀신이 곡할 노릇이다

신기하고 기묘하여 도저히 그 원인을 찾을 길이 없어 어리둥절
할 수밖에 없을 때 쓰는 말입니다.

153

## 급하기는 우물에 가서 숭늉 달라겠다

어느 일이나 단계를 거쳐야 하는 데 성격이 급하여 조급하게 결과를 먼저 얻으려는 행동을 가리켜 하는 말입니다.

## 급하면 바늘 허리에 실 매어 쓸까

일에는 일정한 순서가 있고 때가 있는 것이므로, 아무리 급해도 순서를 밟아서 해야 제대로 완성시킬 수 있다는 뜻입니다.

## 급히 먹는 밥이 목이 멘다

너무 급히 서둘러 일을 하면 잘못하고 실패하게 될 수 있음
을 가리키는 말입니다.

## 길고 짧은 것은 대어 보아야 안다

크고 작고, 이기고 지고, 잘하고 못하는 것은 실지로 겨루어 보
거나 겪어 보아야 알 수 있다는 말입니다.

 **꿀 먹은 벙어리**

자기의 생각을 누구에게 말하지 못하고 속으로만 품고 끙끙 앓고 있는 사람을 가리켜 하는 말입니다.

**꿈보다 해몽이 좋다**

하찮거나 언짢은 일을 상대에게 노엽지 않고 듣기 좋게 설명하는 것을 말합니다.

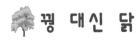# 꿩 대신 닭

내게 꼭 적합하고 필요한 것이 없을 때 그와 비슷한 것으로
대신하는 경우를 가리켜 하는 말입니다.

# 나는 바담 풍(바람풍) 해도 너는 바람 풍 해라

옛날 어느 서당에서 선생님이 '바람 풍(風)' 자를 가르치는데
혀가 짧아서 '바담 풍'으로 발음하니 학생들도 '바담 풍'으로
외운 데서 나온 말로, 자신은 잘못된 행동을 하면서 남보고는
잘하라고 요구할 때 하는 말입니다.

##  나중에야 삼수 갑산을 갈지라도

산수와 갑산은 아주 험하고 먼 곳에 있어, 옛날에 아주 나쁜 죄를 지은 사람을 귀양 보내는 곳입니다. 나중에 일이 잘 못 되어 내가 그곳으로 귀양을 갈지라도 우선 당장은 하고 싶은 대로 하겠다는 짧은 생각을 말합니다.

##  날은 저물고 갈 길은 멀다

아직도 해야 할 일은 많은데 시간이 없다는 뜻과, 이루어 놓은 것도 없이 자꾸 늙어가는 아쉬움을 한탄하여 하는 말입니다.

## 🌳 남의 눈에 눈물 내면 제 눈에는 피눈물이 난다

남에게 악한 짓을 하면 자기는 그보다 더한 벌을 받게 되니
남에게 나쁜 짓을 하지 말라는 뜻입니다.

## 🌳 남의 돈 천 냥이 내 돈 한 푼만 못하다

아무리 적고 보잘 것 없는 것이라도 자기가 가진 것이 남이 가
졌다는 많은 돈보다 더 낫다는 말입니다.

## 낮말은 새가 듣고 밤말은 쥐가 듣는다

아무리 비밀로 한 말이라도 반드시 남의 귀에 들어가게 된다는
말로, 입 조심해야 한다는 뜻입니다.

## 남이 서울 간다니 저도 간단다

자신의 분명한 생각 없이 남이 하는 대로 덩달아 하는 사람을
가리켜 하는 말입니다.

# 낫 놓고 기역 자도 모른다

기역 자 모양으로 생긴 낫을 보고도 기역 자를 모른다는 뜻
으로, 아주 무식한 사람을 가리켜 하는 말입니다.

 # 남의 호박에 말뚝 박기

남의 일이 잘 되어 가는 것을 시기하여 일부러 훼방 놓으려
는 나쁜 마음을 가리켜 하는 말입니다.

## 놓친 고기가 더 크다

지금 가지고 있는 것보다 먼저 가졌던 것이 더 좋았다고 생각한다는 말로, 사람의 쓸데없는 욕심을 말합니다.

 ## 누울 자리 봐 가며 발을 뻗어라

어떤 일을 할 때 그 결과가 오히려 화가 되지는 않을 지를 생각해 보고 하라는 말입니다.

## 누워서 떡 먹기

하기가 매우 쉬운 것을 이르는 말인데, 사실은 누워서 떡 먹기란 그리 쉽지 않습니다.

 ## 누워서 침 뱉기

누워서 침을 뱉으면 침이 어디로 떨어질까요. 남을 해치려고 한다는 것이 도리어 자기가 해를 입게 되는 것을 말합니다.

# 다람쥐 쳇바퀴 돌듯

앞으로 나아가거나 발전하지 못하고 제자리 걸음만 하는 것과, 행동이 일정한 범위를 벗어나지 못하는 것을 가리켜 하는 말입니다.

# 달걀로 바위 치기

대항해도 도저히 이길 수 없는 경우를 이르는 말입니다.

164

# 달도 차면 기운다

세상의 모든 것은 생명이 있는 것과 같아, 한 번 번성하면 다시 쇠퇴하기 마련이라는 말입니다.

# 달리는 말에 채찍질

기세가 한창 좋을 때에 더 힘을 가해, 뜻하는 곳으로 부지런히 달려 가라는 뜻입니다.

## 대추나무에 연 걸리듯

옛날에 대추나무는 대체로 마을 안에 심으며, 가시가 많아 어린이들이 가지고 놀던 연이 많이 걸리지만 가시 때문에 올라가 연을 꺼내오지도 못합니다. 그래 대추나무에는 연이 많이 걸려 있습니다. 때문에 빚을 많이 진 사람을 이에 빗대어 말합니다.

 ## 더도 말고 덜도 말고 늘 한가윗날만 같아라

한가윗날은 모든 곡식을 수확하는 때로 일년 중 가장 풍성합니다. 그러므로 일년 내내 이와 같았으면 하는 우리 조상의 소망이 담겨 있습니다.

166

# 도끼로 제 발등 찍는다

남을 해칠 생각으로 한 것이 도리어 자기에게 해롭게 된 것을 가리켜 하는 말입니다.

 # 도둑을 맞으려면 개도 안 짖는다

일이 안 되려면 여러 조건이 나쁜 쪽으로 열려 있습니다. 그래서 일이 제대로 되지 않는 묘한 경우에 이렇게 말합니다.

## 물에 빠져도 정신을 차려야 산다

아무리 어려운 경우에 처하여 있더라도 정신을 차리고 용기를 내면 살 도리가 있다는 말입니다.

 ## 물에 빠진 놈 건져 놓으니까 망건 값 달라 한다

남에게 은혜를 입고서도 그 고마움을 모르고 생트집을 잡는 것을 가리키는 말입니다.

##  물은 건너 보아야 알고 사람은 지내보아야 안다

사람은 겉만 보고는 알 수 없으며, 서로 오래 겪어 보아야
그 사람의 마음을 알 수 있다는 말입니다.

##  물이 맑으면 고기가 아니 모인다

사람이 지나치게 결백하면 남이 따르지 않는다는 말이니 이는
사람은 정이 있어야 사람이 모이지 결백한 것으로는 모여지지
않는다는 뜻입니다.

## 밀가루 장사 하면 바람이 불고 소금 장사 하면 비가 온다

밀가루 장사를 하려고 장을 펼치면 바람이 불어와서 가루가 날리고, 소금 장사를 하려고 하면 비가 와서 소금이 녹아내린다는 뜻으로, 일이 공교롭게 매번 잘못 되어짐을 이르는 말입니다.

## 밑 빠진 독에 물 붓기

밑 빠진 독에 아무리 물을 부어도 독에 물이 채워질 수 없다는 말로, 아무리 공을 드리고 자본을 더해도 보람 없이 헛된 일이 되는 것을 말합니다.

170

## 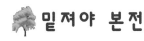 밑져야 본전

밑졌다고 해도 이득을 못 보는 것이지 본전이 줄어드는 것
은 아니라는 뜻으로, 일이 잘못되어도 손해 볼 것은 없다는
말입니다.

## 🌳 바늘 가는 데 실 간다

바늘 가는 데 실이 항상 뒤따른다는 뜻으로, 부부처럼 사람의
긴밀한 관계를 가리킵니다.

## 밥 먹을 때는 개도 안 때린다

비록 하찮은 짐승일지라도 밥을 먹을 때에는 때리지 않는 다는 말이니, 음식을 먹을 때에는 잘못이 있더라도 꾸짖지 말아야 한다는 말입니다.

## 방귀 뀐 놈이 성낸다

자기가 방귀를 뀌고 오히려 남보고 성낸다는 뜻으로, 잘못을 저지른 사람이 오히려 남에게 성을 내는 것을 말합니다.

172

## 배부른 고양이는 쥐를 잡지 않는다

　다급해야 무엇이든 찾아서 일을 하므로, 일을 하려 들지 않는 사람에게는 억지로 일을 시키려 들기보다는 상황이 다급하도록 하는 것이 낳겠다는 뜻이기도 합니다.

 ## 배부른 사람은 배고픈 사람 사정을 모른다

고생을 해 보지 않은 사람은 고생하는 사람의 사정을 모른다는 말이니, 무슨 일이건 겪어 본 사람이 안다는 뜻입니다.

##  번개가 잦으면 천둥을 한다

어떤 일의 징조가 자주 나타나면 마침내는 그 일이 터지고
야 만다는 말입니다.

##  번갯불에 콩 볶아 먹겠다

하는 짓이 번갯불에 콩을 볶아 먹을 만큼 급하게 한다는 뜻으
로, 어떤 행동을 당장 해치우지 못하여 조급해 하는 성질을 가
리키는 말입니다.

## 벌레도 밟으면 꿈틀 한다

벌레 같은 생물도 밟으면 꿈틀거린다는 뜻으로, 아무리 하찮은 것이라 해도 지나치게 못살게 하면 반항한다는 말입니다.

 ## 범도 죽을 때 제 굴에 가서 죽는다

사람이나 짐승은 자기가 태어난 곳을 그리워 하게 되고 그것이 특히 죽을 때에는 더욱 그렇다고 합니다.

##  병 주고 약 준다

남을 해치고 나서 약을 주며 그를 구원하는 체한다는 뜻으로, 교활한 사람을 가리켜 하는 말입니다.

## 보기 좋은 떡이 먹기도 좋다

사람은 우선 그 물건에 관심이 생겨야 그 품질도 살펴보게 되므로 겉모양새를 잘 꾸미는 것도 필요하다는 말입니다.

176

# 보채는 아이 밥 한 술 더 준다

보채면서 자꾸 시끄럽게 구는 아이에게는 달래느라고 밥
한 술이라도 더 주게 된다는 뜻으로, 조르거나 열심히 관심
을 이끌어 내는 사람에게 잘해 주게 된다는 말입니다.

# 부뚜막의 소금도 집어 넣어야 짜다

가까운 부뚜막에 있는 소금도 넣지 아니하면 음식이 짠맛이 날
수 없다는 뜻으로, 아무리 좋은 조건이 마련되었거나 손쉬운
일이라도 힘을 들여 이용하지 않으면 안 된다는 말입니다.

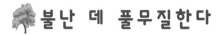 ## 불난 데 풀무질한다

남의 재앙을 점점 더 커지도록 만들거나 성난 사람을 더욱
성나게 하는 것을 가리키는 말입니다.

## 비 온 뒤에 땅이 굳어진다

비에 젖은 흙은 마르면 흙속의 틈을 메워 더욱 단단해 집니다.
이런 상태를 비유하여, 시련을 겪은 뒤에는 더욱 강해지는 것
을 강조한 것입니다.

## 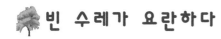 빈 수레가 요란하다

실속 없는 사람이 겉으로 더 떠들어 댄다는 말입니다.

## 빌어 먹는 놈이 콩밥을 마다할까

옛날에는 쌀밥을 가장 귀하게 여기고 콩밥은 어쩔 수 없을 때 먹었습니다. 그래서, 한창 궁한 사람이 콩밥이라고 마다할 수 있겠냐는 말이 나왔습니다. 그러므로 자기가 아쉽거나 급할 때에는 좋고 나쁨을 가릴 겨를이 없다는 말입니다.

# 삶은 호박에 침 박기

삶아서 물렁물렁해진 호박에 침을 박기란 아주 쉬운 일이 므로, 일이 아주 쉬운 것을 가리키는 말입니다.

# 🌳삼 년 병간호에 불효 난다

간호란 쉬운 일이 아니어서 병으로 여러 해 누워 앓는 어버이 를 간호하다 보면 불효하는 경우가 생기게 되므로, 무슨 일이 나 오랜 시일이 걸리면 정성이 부족해 진다는 말입니다.

##  삼대 거지 없고 삼대 부자 없다

삼대에 걸쳐서 계속 거지 노릇만 하는 집안도 없고 계속 부자인 집안도 없다는 뜻으로, 많은 재산이 오랫동안 유지될 수 없으며, 가난 또한 계속되지 않는다는 것을 말합니다.

##  삼십육계 줄행랑이 제일

위험이 닥쳐 몸을 피해야 할 때에는 맞서 싸우거나 다른 계책을 세우기보다 우선 피하는 것이 상책이라는 말입니다.

## 상전 배부르면 종 배고픈 줄 모른다

돈 있고 잘사는 사람이 제 배가 불러 있으니 모두 저와 같은 줄 알고 저에게 매여 사는 사람들이 배를 곯는 줄을 알지 못하는 것을 가리키는 말입니다.

 ## 서당 개 삼 년에 풍월 읊는다

서당에서 삼 년 동안 살면서 매일 글 읽는 소리를 듣다 보면 개조차도 글 읽는 소리를 내게 된다는 뜻으로, 어떤 분야에 전문성이 없는 사람이라도 그 부문에 오래 있으면 얼마간의 지식과 경험을 갖게 된다는 말입니다

 선무당이 사람 잡는다

의술에 서투른 사람이 환자를 치료해 준다고 하다가 사람을 죽이기까지 한다는 뜻으로, 능력이 없는 사람이 함부로 아는 체하다가 큰일을 저지르게 되는 것을 말입니다.

 설마가 사람 죽인다

그럴 리야 없을 것이라고 마음을 놓거나 요행을 바라는 데에서 탈이 난다는 뜻으로, 모든 것은 꼼꼼히 준비하고, 미리 예방하여 잘못됨이 없도록 하라는 뜻입니다.

## 섶을 지고 불로 들어가려 한다

당장의 감정 때문에 앞뒤 가리지 않고 마구 행동하는 것을 가리키는 말입니다.

## 세 사람만 우겨 대면, 없는 호랑이도 만들어 낼 수 있다

사람이란, 한 사람이 거짓으로 말하고, 또 다음 사람이 거짓으로 말하고, 이렇듯 여러 사람이 거듭 거짓을 말하면 사실이 아닌 것도 사실처럼 믿게 된다는 말입니다.

##  세 살 적 버릇이 여든까지 간다

어릴 때 몸에 밴 버릇은 늙어 죽을 때까지 고치기 힘들다는
뜻으로, 어릴 때부터 나쁜 버릇이 들지 않도록 잘 가르쳐야
한다는 말입니다.

##  세월은 사람을 기다려 주지 않는다

무슨 일이든 시간을 아껴서 부지런히 힘써야지 그렇지 않고 시
간만 보내면 나중에 후회할 것이란 말입니다.

## 소년 고생은 사서 하랬다

젊었을 때 고생을 하는 것은 그들이 앞으로 살아가는 데에 많은 교훈이 될 것이므로, 유익하다는 말입니다.

 ## 소도 언덕이 있어야 비빈다

언덕이 있어야 소도 가려운 곳을 비빌 수 있다는 뜻으로, 누구나 조금이라도 의지할 곳이 있어야 무슨 일이든 할 수가 있지 아무것도 없이는 무엇을 할 수 없다는 말입니다.

## 소 뒷걸음질 치다 쥐 잡기

소가 뒷걸음질 치다 우연히 쥐를 잡게 되었다는 뜻으로, 우연히 공을 세웠거나 소득이 생긴 경우를 이르는 말입니다.

## 소문난 잔치에 먹을 것 없다

떠들썩한 소문에 비해 실속이 없다는 뜻으로, 이는 거꾸로 실속 있는 잔치는 소문 없이 치른다는 뜻이기도 합니다.

## 쇠뿔도 단김에 빼랬다

어떤 일이든지 하려고 생각했을 때 망설이지 말고 곧 행동으로 옮겨야지 힘들 것을 생각해 주저하면 실행하기 어렵다는 뜻입니다.

## 수박 겉 핥기

맛있는 수박이라도 겉껍질을 핥아 먹는 것으로는 수박의 맛을 알 수 없지요. 그러므로 그 맛을 알려면 속 깊이 들어가 맛도 보고 씹어도 봐야 한다는 말입니다.

##  숭어가 뛰니까 망둥이도 뛴다

제 분수나 처지는 생각지 않고 자신보다 경제적으로나 사
회적으로 나은 사람을 무조건 좇으려는 행동을 말합니다.

##  시작이 반이다

무슨 일이든지 시작하기가 어렵지, 시작하면 일을  끝마치기까
지는 그리 어렵지 않다는 뜻입니다.

##  식은 죽도 불어 가며 먹어라

식은 죽은 씹을 것도 없고 깨물 것도 없으니 아주 먹기 쉽지요. 이런 죽 같더라도 침착하게 해결하라는 뜻입니다.

## 신선놀음에 도낏자루 썩는 줄 모른다

어떤 나무꾼이 신선들이 바둑 두는 것을 정신 없이 보다가 제 정신이 들어보니 세월이 흘러 도낏자루가 다 썩었다는 이야기에서, 아주 재미있는 일에 정신이 팔려서 시간 가는 줄 모르는 경우를 이르는 말입니다.

# 쌈짓돈이 주머닛돈이다

한 가족의 것은 내 것 네 것 가릴 것 없이 그 가족 전체의 것이라는 뜻입니다.

# 아니 땐 굴뚝에 연기 날까

아궁이에 불을 땠기 때문에 굴뚝에서 연기가 나는 것 아니냐는 말로, 어떤 결과는 원인이 있기 때문에 생긴 것이란 말입니다.

## 아닌 밤중에 홍두깨

별안간 엉뚱한 말이나 행동을 하여 듣는 사람으로 하여금
어리 벙벙하게 될 때를 가리켜 하는 말입니다.

 ## 아무리 바빠도 바늘 허리 매어 못 쓴다

아무리 급하다 해도 거쳐야 할 단계를 거쳐야 일을 마칠 수 있
지 않느냐는 말로, 갖추어야 할 것은 갖추어야 일을 다 할 수
있다는 뜻입니다.

## 아주머니 떡도 싸야 사 먹지

친근은 하지만 이익이 없는 사람보다는, 친근하지는 않더라도 이익이 있는 사람과 거래하겠다는 말입니다.

 ## 아홉 가진 놈이 하나 가진 놈 부러워한다

욕심이란 끝이 없어서 가지면 가질수록 더욱 갖고 싶어 하는 것이 욕심이란 말입니다.

##  어물전 망신은 꼴뚜기가 시킨다

못난 사람이 자신의 바르지 못한 처신으로 자기가 있는 집단을 망신시킬 때 하는 말입니다.

##  언 발에 오줌 누기

언 발을 녹이려고 오줌을 누어 봤자 효력이 별로 없다는 뜻으로, 임시변통은 될지 모르나 그 효력이 오래가지 못할 뿐만 아니라 오히려 더 나빠질 수 있다는 뜻입니다.

## 업은 아이 삼 년 찾는다

찾는 물건을 자기의 몸 가까이 두고 엉뚱한 데서 오래도록
찾는 것을 두고 하는 말입니다.

## 여름에 하루 놀면 겨울에 열흘 굶는다

농사일에는 특히 여름에 부지런히 하여야 하는데, 이때 조금이
라도 게을리 하면 일 년 농사에 큰 지장을 주므로 그러면 안 된
다는 뜻입니다.

195

## 오뉴월 개 팔자

음력 오월과 유월에, 사람은 농사일로 가장 바쁜 때인데 개들은 더위를 피해 그늘 밑에 낮잠을 자므로,사람은 고생스럽게 생각이 들고 개는 편해 보여서 하는 말입니다.

 ## 오는 말이 고와야 가는 말이 곱다

상대가 자기에게 말이나 행동을 좋게 하여야 자기도 상대에게 좋게 한다는 말입니다.

## 오르지 못할 나무는 쳐다보지도 마라

자기 능력 밖의 불가능한 일에 대해서는 처음부터 욕심을 내지 않는 것이 좋다는 말입니다.

 ## 옥도 갈아야 빛이 난다

아무리 소질이 좋아도 이것을 잘 닦고 기르지 아니하면 훌륭한 사람이 되지 못한다는 말입니다.

##  옥에도 티가 있다

아무리 훌륭한 사람, 또는 좋은 물건이라 하여도 자세히 보면 사소한 흠은 있게 마련이라는 말입니다.

##  외 심은 데 콩 나랴

외는 오이의 방언입니다. 이는 오이 심은 데서 콩이 날 수 있겠냐는 뜻으로, 어버이와 아주 다른 자식이 나올 수 없다는 말입니다.

## 욕심이 사람 죽인다

욕심이 너무 지나치면 사리를 분별하지 못하고 위태로운
일까지 거리낌 없이 하게 되는 것을 경고하는 말입니다.

## 우물 안 개구리

우물 안에서 하늘을 보면 하늘 전체는 볼 수 없고 동그랗게 일
부만 보입니다. 따라서 이는 견식이 좁아 저만 잘난 줄 아는 사
람을 가리켜 하는 말입니다.

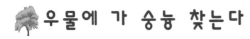
## 우물에 가 숭늉 찾는다

모든 일에는 순서가 있는 법인데 일의 순서도 모르고 성급하게 덤비는 것을 가리키는 말입니다.

## 우선 먹기는 곶감이 달다

그 다음 일은 생각해 보지도 아니하고 당장 좋은 것만 좇는 경우를 가리켜 하는 말입니다.

200

 ## 울며 겨자 먹기

맵다고 울면서 겨자를 먹는다는 뜻으로, 싫은 일을 억지로
하는 것을 이르는 말입니다.

## 웃는 낯에 침 뱉으랴

웃는 낯으로 대하는 사람에게 침을 뱉을 수 없다는 뜻으로, 좋
게 대하는 사람에게 나쁘게 대할 수 없다는 말입니다.

## 웃는 집에 복이 있다

집안이 화목하여 늘 웃음꽃이 피는 집에는 행복이 찾아들게 된다는 말입니다.

## 원수는 외나무다리에서 만난다

꺼리고 싫어하는 사람을 피할 수 없는 곳에서 공교롭게 만나게 된다는 뜻이며, 그러므로 남과 원수 짓는 일은 하지 말라는 뜻도 있습니다.

# 원숭이도 나무에서 떨어진다

아무리 그 일에 익숙하고 잘하는 사람이라도 간혹 실수할 때가 있다는 뜻입니다.

# 윗물이 맑아야 아랫물이 맑다

윗사람이 잘하면 아랫사람도 따라서 잘하게 된다는 말이며, 거꾸로 윗사람이 잘못하면 아랫사람 역시 잘 못한다는 말입니다.

##  은혜를 원수로 갚는다

감사하는 마음으로 은혜에 보답해야 할 사람에게 도리어
해를 끼친다는 뜻입니다.

##  응달에도 햇빛 드는 날이 있다

햇빛이 들지 않아 그늘진 곳도 언젠가는 해가 들어 양지가 될
수 있다는 뜻으로, 아무리 어려운 처지에 놓여 있어도 끝까지
노력하면 어느 때인가는 좋은 날이 올 수 있다는 뜻입니다.

# 자라 보고 놀란 가슴 소댕 보고 놀란다

어떤 일에 몹시 놀란 사람은 비슷한 경우만 보아도 겁을 낸다는 뜻입니다.

# 자빠져도 코가 깨진다

일이 안 되려면 하는 모든 일이 잘 안 풀리고 더하여 뜻밖의 큰 불행도 생긴다는 말입니다.

## 자식을 길러 봐야 부모 사랑을 안다

부모는 자식을 사랑할 때 예뻐하기도 하지만, 바르게 이끌기 위해서는 매를 들기도 합니다. 그러니 자식이 그 부모의 사랑을 다 알 수 없지요. 자신이 부모가 되어 자식을 가르치는 처지가 되어서야 비로서 부모의 마음을 알게 됩니다.

## 작은 고추가 더 맵다

몸집이 작은 사람이라도 큰 사람보다 재주가 뛰어나고 야무질 수 있으니 만만히 보지 말라는 뜻입니다.

## 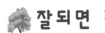 잘되면 제 탓 못되면 조상 탓

일이 안 될 때 그 이유를 남에게, 특히 조상의 산소자리나
부모 생전의 탓으로 돌릴 때, 이를 가리켜 하는 말입니다.

##  잘 자랄 나무는 떡잎부터 알아본다

잘 될 사람은 어릴 때부터 남달리 영특하다든지 또는 태도가
바르다든지 하여 남보다 돋보일 때 하는 말입니다.

## 저 잘난 멋에 산다

사람은 누구나 자기가 남보다 잘났다고 생각하며 산다는 말입니다.

 ## 접시 물에 빠져 죽지

자신의 지금 입장이 매우 어려워 어떻게 하면 좋을지를 모르고 답답해 하는 경우를 가리키는 말입니다.

## 정성이 지극하면 돌 위에도 풀이 난다

진실한 마음으로 최선을 다하면 도저히 안 될 것처럼 보이는 일도 해낼 수 있다는 말입니다.

 ## 제가 기른 개에게 발꿈치 물린다

은혜를 베풀어 준 사람에게서 도리어 해를 입게 되는 것을 가리키는 말입니다.

## 제가 제 무덤을 판다

자기가 한 일이 스스로 자신을 망치는 어리석은 일이 되는 것을 말합니다.

## 제 논에 물 대기

남의 논이야 물이 안 들어가 농사가 어찌 되건 말건 자기 논에만 물이 들어가도록 물길을 막아 놓는 사람을 가리켜 하는 말로, 자기의 이익만을 생각하는 사람을 가리키는 말입니다.

 ## 제 버릇 개 줄까

한번 빠진 나쁜 버릇은 쉽게 고치기가 어렵다는 말로, 처음부터 나쁜 버릇이 들지 않도록 바르게 지내라는 뜻입니다.

## 제 부모 위하려면 남의 부모를 위해야 한다

자기 부모를 잘 섬기고 모시려면, 우리 부모가 남에게 존경 받을 수 있도록 자신도 남의 부모를 잘 섬겨야 한다는 말입니다.

## 제가 제 무덤을 판다

자기가 한 일이 스스로 자신을 망치는 어리석은 일이 되는 것을 말합니다.

 ## 제 논에 물 대기

남의 논이야 물이 안 들어가 농사가 어찌 되건 말건 자기 논에만 물이 들어가도록 물길을 막아 놓는 사람을 가리켜 하는 말로, 자기의 이익만을 생각하는 사람을 가리키는 말입니다.

## 제 버릇 개 줄까

한번 빠진 나쁜 버릇은 쉽게 고치기가 어렵다는 말로, 처음
부터 나쁜 버릇이 들지 않도록 바르게 지내라는 뜻입니다.

## 제 부모 위하려면 남의 부모를 위해야 한다

자기 부모를 잘 섬기고 모시려면, 우리 부모가 남에게 존경 받
을 수 있도록 자신도 남의 부모를 잘 섬겨야 한다는 말입니다.

## 주사위는 던져졌다

일이 되돌릴 수 없는 상황에 이르렀으니 이제는 주저하지 말고 목표를 향해 달려가라는 말입니다.

 ## 죽 쑤어 개 좋은 일하였다

애써 한 일을 남에게 빼앗기거나, 엉뚱한 사람에게 이로운 일을 한 결과가 된 것을 가리켜 하는 말입니다.

## 🌳 중(이) 절 보기 싫으면 떠나야지

어떤 곳이나 그곳이 싫다면, 싫은 사람이 떠나는 수밖에 없지 않느냐 하는 말입니다.

## 🌳 중이 고기 맛을 알면 절에 빈대가 안 남는다

옛부터 스님은 고기를 먹지 않게 되어 있습니다. 그런 스님이 고기를 먹기 위해 빈대까지 잡아 먹으려 한다는 말이니, 이는 옳지 않는 일이라 해도 그 일에 한 번 빠지면 다시 빠져나오기 어렵다는 뜻입니다.

## 중이 제 머리를 못 깎는다

자기가 자신에 관한 일을 좋게 해결하기는 어려운 일이므로 남의 손을 빌려야 이루기 쉽다는 말입니다.

 ## 쥐구멍에도 볕 들 날 있다

쥐는 남의 눈에 잘 띄지 않는 곳에 자기가 드나드는 구멍을 팝니다. 그러므로 햇빛이 안 드는 음지일 수밖에 없지요. 따라서 몹시 고생하는 삶을 가리키며, 그러나 이를 참고 기다리면 좋은 날이 올 수 있다는 뜻도 포함되어 있습니다.

## 쥐도 도망갈 구멍을 보고 쫓는다

도망갈 곳이 없으면 쥐가 오히려 역습해 올 수도 있습니다.
그러므로 피해를 덜 입고 상대를 쫓으려면 도망칠 곳을 열
어 놓고 쫓으라를 말입니다.

 ## 지렁이도 밟으면 꿈틀한다

아무리 눌려 지내는 힘 없는 사람이라도 너무 업신여기면 가만
있지 않는다는 말입니다.

217

## 지성이면 감천

정성이 지극하면 하늘도 감동하여 바라는 것이 이루어질 것이라는 뜻으로, 무슨 일에든 성실한 자세로 최선을 다하면 어려운 일이라도 좋은 결과가 올 것이라는 말입니다.

## 지키는 사람 열이 도둑 하나를 못 당한다

아무리 조심하여 예방해도 뜻하지 않게 생기는 불행은 막기 어렵다는 말입니다.

218

## 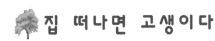 집 떠나면 고생이다

집을 떠나 돌아다니게 되면 낯선 곳에서 자고 먹고 하는 일만이 아니라 새롭게 부딪치는 일들로 자연 고생이 많을 것이란 말입니다.

## 집에서 새는 바가지는 들에 가도 샌다

집에서 나쁜 버릇을 가지고 하던 행동이 밖에 나가선들 그 버릇을 버릴 수 있겠냐는 말입니다.

## 집이 가난하면 효자가 나고 나라가 어지러우면 충신이 난다

집안이 가난하면 그 자녀들은 오히려 성실해져 부모를 정
성껏 모시려 하여 효자가 나오고, 나라가 전쟁의 위험에 처
하거나 사회가 혼란스러워지면 백성은 나라를 구하려 노력
하기 위해 충성스런 사람이 나온다는 말입니다.

 ## 차면 기운다

무엇이든 수명이 있기 때문에, 번성함이 다하면 반드시 쇠퇴해
지는 것이 세상의 이치라는 뜻입니다.

## 찬물도 위 아래가 있다

사람과의 관계에도 위와 아래가 있으며, 일에도 순서가 있으니, 그 차례를 따라 하여야 한다는 말입니다.

## 참새가 방앗간을 그저 지나랴

자기가 좋아하는 곳은 그대로 지나치지 못하고 한번 기웃거리는 것이 사람의 본성이라는 말입니다.

# 철나자 망령 난다

철이 들만하자 망령이 들었다는 뜻으로, 지각없이 굴던 사람이 정신을 차려 일을 잘할 만하니까 이번에는 망령이 들어 일을 그르치게 되는 경우를 이르는 말입니다.

# 첫딸은 살림 밑천이다

딸은 집안 살림을 맡아 하게 되므로 큰 밑천이나 다름 없다는 말입니다.

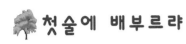

## 첫술에 배부르랴

어떤 일이든지 단번에 만족할 수는 없다는 말입니다.

## 초년 고생은 돈 주고도 한다

젊은 시절의 고생은 나이 들어 세상 사는 데에 여러 가지 밑거름이 되어 사서도 할 수 있으므로 초년에 하는 고생을 고생스럽게 생각하지 말라는 뜻입니다.

## 🌳친구는 옛 친구가 좋고 옷은 새 옷이 좋다

친구는 오래 사귄 친구일수록 정이 두텁고 믿음이 깊어서 좋다는 말입니다.

## 🌳친구 따라 강남 간다

미리 예정되어 있지는 않은 일을 아는 이에게 끌려 덩달아 하게 되었을 때를 말합니다.

##  코에 걸면 코걸이 귀에 걸면 귀걸이

경우에 따라 이렇게도 설명할 수 있고 저렇게도 설명할 수 있는 것을 이르는 말입니다.

##  콩 심은 데 콩 나고 팥 심은 데 팥 난다

모든 일은 근본에 따라 거기에 걸맞은 결과가 나타난다는 뜻입니다.

# 콩으로 메주를 쑨다 해도 곧이듣지 않는다

아무리 사실대로 말해도 믿지 않는 것을 가리킵니다. 그 이유는 그를 도무지 믿을 수 없기 때문이니, 이는 사람과의 관계에서는 믿음이 가장 중요함을 일깨워 주는 말입니다.

# 큰 고기는 깊은 물 속에 있다

훌륭한 인물은 넓은 세상의 많은 사람들 속에 있으니 사람은 사람이 많이 모이는 곳으로 나가 살면서 큰 사람과도 어울려 지내라는 뜻입니다.

## 티끌 모아 태산

아무리 작은 것이라도 모이고 모이면 나중에 큰 덩어리가
될 수 있다는 뜻입니다.

## 팔이 안으로 굽지 밖으로 굽나

자기 혹은 자기와 가까운 사람에게 정이 더 쏠리거나 유리하게
일을 처리하는 것은 인간의 마음이라는 것입니다.

# 팥으로 메주를 쑨대도 곧이 듣는다

메주는 콩으로 쑤는 것이지 팥으로 쑤지 않습니다. 그러므로
이는 믿음이 있는 사람이라면, 무조건 믿는다는 말입니다.

# 하나를 듣고 열을 안다

한 마디 말을 듣고 그로부터 여러 가지 사실을 미루어 알아낼
수 있다는 말입니다.

## 하나만 알고 둘은 모른다

사물의 한 측면만 보고 두루 보지 못한다는 뜻으로, 생각에 융통성이 없거나 편견에 잡혀 있음을 가리키는 말입니다.

 ## 하늘 보고 침 뱉기

하늘을 향하여 침을 뱉어 보아야 자기 얼굴에 떨어지므로, 이는 자기 주장이나 행동이 자기 모순에 빠진다는 뜻입니다.

# 하늘은 스스로 돕는 자를 돕는다

하늘은 스스로 노력하는 사람을 성공하게 만든다는 뜻으로, 어떤 일을 이루기 위해서는 자신의 노력이 중요하다는 것을 일깨우는 말입니다.

# 하늘의 별 따기

무엇을 얻거나 성취하기가 매우 어려운 경우를 비유적으로 이르는 말입니다.

## 하늘이 무너져도 솟아날 구멍이 있다

아무리 어려운 경우에 처하더라도 살아 날 방도가 생긴다는 말입니다.

 ## 하룻강아지 범 무서운 줄 모른다

하룻강아지란 태어난지 하루밖에 안 되는 강아지를 말합니다. 그러니 천적이 무엇인지, 호랑가 개를 잡아 먹는 동물인지, 도무지 아무것도 모르니 무서워 할 까닭이 있겠어요? 그러므로 이 말은 아무것도 모르고 날뛰는 것을 말합니다.

# 한 마리 고기가 온 강물을 흐린다

한 사람의 나쁜 행동이 그가 속해 있는 집단 전체에 나쁜 영향을 끼친다는 말입니다.

# 한 번 엎지른 물은 다시 주워 담지 못한다

엎지른 물은 다시 주워 담지 못하는 것처럼, 한 번 한 행동은 돌이킬 수 없으니 어떤 행동이든 신중하게 해야 한다는 말입니다.

## 한쪽 손뼉은 울지 못한다

어떤 싸움이나 시비도 상대가 있기 때문에 생기는 것이니, 그런 다툼에서 생기는 일을 상대의 잘못으로만 돌리지 말라는 것입니다.

## 한 술 밥에 배부르랴

어느 것이든 처음부터 곧 성과가 있는 거이 아니라 그것이 거듭되면서 쌓여야 효과가 나는 것이니, 성과를 빨리 기대하지 말고 기다리라는 말입니다.

##  호랑이 굴에 가야 호랑이 새끼를 잡는다

뜻하는 성과를 얻으려면 위험을 무릅쓰고라도 그 중심부에 들어가야 한다는 말입니다.

##  호랑이 담배 먹을 적

아주 오래된 옛날을 말할 때 '호랑이 담배 필 때'란 말을 씁니다. 그래서 지금과는 다른 아주 까마득한 옛날에 있던 습관 같은 것이므로 지금은 어울리지 않는다는 말입니다.

# 호랑이 없는 골에 토끼가 왕 노릇 한다

뛰어난 사람이 없는 곳에서 보잘것없는 사람이 대장 노릇
을 한다는 말입니다.

# 호랑이에게 물려 가도 정신만 차리면 산다

아무리 위급한 경우를 당하더라도 정신만 똑똑히 차리면 위기
를 벗어날 수가 있다는 말입니다.

## 호미로 막을 것을 가래로 막는다

논둑에 작은 구멍이 나서 처음에는 호미로 흙을 덮어 막을 수 있는 것을 미루다 논둑이 크게 터져 가래로도 막기 어렵게 되었다는 말이니, 이는 커지기 전에 처리하였으면 쉽게 해결 되었을 일을 방치하였다가 나중에 큰 힘을 들이게 되었다는 말입니다.

## 혹 떼러 갔다 혹 붙여 온다

이는 혹부리 영감이 도깨비에게 혹을 떼러 갔다가 오히려 혹을 하나 더 붙여 왔다는 이야기에서 나온 말로, 자기의 부담을 덜려다가 다른 일까지 맡게 된 경우를 이르는 말입니다.

236

## 효부 없는 효자 없다

며느리가 착하고 시부모께 효성스러워야 아들도 효도하게
된다는 말로, 효도하는 며느리가 있은 뒤에 효도하는 자식
이 있다는 말입니다.

## 효성이 지극하면 돌 위에 풀이 난다

효성이 극진하면 아무리 어려운 환경에서도 자식된 도리를 다
할 수 있다는 말입니다.

237

##  홍시 먹다가 이 빠진다

전혀 그렇게 될 리가 없을 터인데도 일이 안되거나 엇나가
는 경우를 가리키는 말입니다.

## 흥정은 붙이고 싸움은 말리랬다

양쪽에 좋은 일이 되는 것이라면 도와주고 반대로, 해가 되는
일은 말리라는 말입니다.

238

## 흉년에 어미는 굶어 죽고 아이는 배 터져 죽는다

흉년이 들어 식량이 모자라게 되면 아이들만 먹이게 되므로
아이들은 배부르게 먹어도 어른들은 굶는 것을 말합니다.

 ## 흐르는 물은 썩지 않는다

고인 물은 썩고 흐르는 물은 썩지 아니한다는 뜻으로, 사람은
생각하지 않으면 사고는 뒤로 후퇴하게 되고, 행동은 게을러져
서 쓸모없이 된다는 뜻입니다.

그림이 있는
수수께끼 · 속담

초판 발행 2016년 9월 5일

글 ; 그림 편집부

펴낸이 서영희 | 펴낸곳 와이 앤 엠

편집 임명아

본문인쇄 신화 인쇄 | 제책 세림 제책

제작 이윤식 | 마케팅 강성태

주소 120-100 서울시 서대문구 홍은동 376-28

전화 (02)308-3891 | Fax (02)308-3892

E-mail yam3891@naver.com

등록 2007년 8월 29일 제312-2007-00004호

ISBN 978-89-93557-74-9  63710

본사는 출판물 윤리강령을 준수합니다.